TELE 76

Feuilletons et émissions de la télévision française de l'année 1976

Du même auteur :

Romans historiques
L'Or du temps (1992)
Le Temps des Amazones (Publibook, 2008)
Rodolphe II de Habsbourg (Lulu.com, 2011)

Collection consacrée à la Télévision française des années 70 :
TELE 70 (Lulu.com, 2011)
TELE 71 (Lulu.com, 2012)
TELE 72 (Lulu.com, 2013)
TELE 73 (lulu.com, 2014)
TELE 74 (lulu.com, 2015)
TELE 75 (lulu.com, 2016)

ISBN 978-0-244-35229-5

METHODOLOGIE

Les feuilletons et émissions retenus dans cet ouvrage sont classés par ordre chronologique, de janvier à décembre.

Chaque mois est complété par des Brèves.

JANVIER

La vérité tient à un fil

Feuilleton de 20 épisodes de 15 minutes
Diffusion : du lundi au vendredi à 19h45 sur TF1, à partir du 5 janvier 1976
Adaptation et dialogues d'Henriette ROSEAU
D'après l'œuvre de Me René FLORIOT
Réalisation de Pierre GOUTAS
Musique de Stéphane VAREGUES
Distribution :
Ivan DESNY (Max Darteau)
Dany SAVAL (Liliane de Rosemar)
François CHAUMETTE (Me Landry)
Serge BOURRIER (Bourdier)
Denis MANUEL (Cornelis)
Gisèle PASCAL (Ghislaine Marcelot)
Jean MICHAUD (Marcelot)
Jean-Louis KAYSER (Bertrand)
Carole GROVE (Mme Bourdier)
Jean-Louis BROUST (Richard)
Edith SCOB (Mme Brasselier)
René BERIARD (l'avocat général)
Maurice TRAVAIL (Jacques Brasselier)
Nicole DESAILLY (Olga)
Janine SOUCHON (Josèphe Mimisan)
Louise RIOTON (la mère de Bourdier)
Yvon SARRAY (l'antiquaire)

Geneviève BEAU (la femme juré)
Jean VIGNY (commissaire Peltier)
Pierre FRAG (Arguzian)
Et
Guy MONTAGNE

Thème : l'industriel Max Darteau est retrouvé assassiné chez lui. Son coffre-fort, resté grand ouvert, est vide. La police pense à un crime crapuleux avant de soupçonner sa maîtresse, Liliane de Rosemar, qui possède un double des clefs et qui ne veut pas donner son alibi pour la nuit du crime. Me Landry accepte de la défendre. Au procès Liliane continue de se taire. Va-t-elle être condamnée ou le véritable coupable sera-t-il démasqué ?

Commentaires : inspiré d'un roman du célèbre avocat d'assises, Me FLORIOT, disparu en décembre 1975, ce feuilleton judiciaire tente de démontrer que la justice est toujours fragile et que des erreurs judicaires peuvent être commises facilement. D'honnête facture, il est servi par de bons comédiens, notamment François CHAUMETTE qui impose sa voix et sa présence et qui aurait sans doute fait un grand ténor du barreau.

Simplicius Simplicissimus

Feuilleton de 6 épisodes de 60 minutes

Diffusion : tous les vendredis à 20h30 sur ANTENNE 2, à partir du vendredi 9 janvier 1976

Scénario de Léopold AHLSEN

D'après le roman de Hans JAKOB CHRISTOFFEL VON GRIMMELSHAUSEN

Réalisation de Fritz UMGELTER

Musique de Rolf UNKEL

Distribution :

Mathias HABICH (Simplicius)

Christian QUADFLIEG (Ulrich, frère de cœur)

Michel VITOLD (Eisiedel)

Jacques ALRIC (le gouverneur Ramsey)

Radovan LUKAVSKY (Knan)

Gabriel JABBOUR (Filtzpar)

Nina POPELIKOVA (Meuder)

Christiane MINAZZOLI (Rosalie)

Patrick LAVAL (le faux chasseur de Soest)

Nathalie DRIVET (Violante)

Vernon DOBTCHEFF (Dr Canard)

Patrick VERDE (Baron Sand)

Pierre ROUSSEAU (Baron Fels)

Thème : pendant la guerre de trente ans, Simplicius, le fils d'un pauvre bûcheron, garde les cochons et les chèvres. Un jour, il assiste à une scène atroce : son père est attaqué par des soldats, dévalisé et torturé. Simplicius s'enfuit alors dans la forêt. Il est recueilli par un ermite qui lui apprend à lire et à écrire et l'instruit dans la religion. Après la mort de l'ermite, il se rend à Hanau où il entre au service du gouverneur suédois dont il devient le bouffon. Lorsque le château est assiégé, il entre au service des cavaliers croates comme palefrenier. Puis il est enrôlé dans les troupes de l'empereur et devient un chef militaire rusé et téméraire. Il provoque en duel un sosie qui tente d'usurper son identité. Il est ensuite fait prisonnier par les Suédois. Libéré, il tente alors de conquérir six femmes à la fois. Il va à Paris où il mène une vie de débauche. Puis il perd toute sa fortune à la suite d'un procès. A la fin de sa vie, il regagne la forêt pour redevenir à son tour un ermite.

Commentaires : cette fresque picaresque produite par la ZDF mais en coproduction avec les télévisions française et autrichienne, est d'abord une réussite sur le plan visuel grâce aux décors superbes et aux costumes. Mathias HABICH campe avec beaucoup de naturel cet anti-héros. Il est entouré d'acteurs allemands mais aussi d'acteurs français, coproduction oblige, comme notamment Michel VITOLD, Jacques ALRIC ou encore Gabriel JABBOUR. Avec LES AVENURES DU BARON TRENCK et BENJOWKSKI, SIMPLICIUS SIMPLICISSIMUS forme une sorte de trilogie réalisée par Fritz UMGELTER où l'on retrouve au fond le même schéma d'un héros plongé dans un monde dominé par la guerre et dont les nombreuses aventures dessinent un parcours initiatique.

C'est dimanche de Guy Lux

Série d'émissions de 12 heures, produite par Guy LUX, Luce PERROT et Jacqueline DUFOREST (par la suite Claude SAVARIT)

Réalisation de François CHATEL

Présentation de Jean-Pierre FOUCAULT et Sophie DAREL

Commentaires : pour concurrencer TF1 et ses émissions phares comme LE PETIT RAPPORTEUR de Jacques MARTIN ou encore LES RENDEZ-VOUS DU DIMANCHE, ANTENNE 2 décide de confier tous les programmes du dimanche à Guy LUX, soit près de 12 heures d'antenne. Guy LUX est donc chargé en tant que producteur des samedis après-midi de TF1 avec LA UNE EST A VOUS et de la journée du dimanche sur ANTENNE 2 avec cette nouvelle émission. Un cumul qui fait grincer quelques dents...

Présentée par le tout jeune et un peu intimidé Jean-Pierre FOUCAULT assisté de Sophie DAREL, C'EST DIMANCHE dont la Première a lieu le dimanche 11 janvier 1976, débute à 12h00 et comprend plusieurs rubriques fixes, alternant avec des variétés et des sketchs de chansonniers (SIM, GROSSO et MODO...) :

- le jeu LE SCHMILBRICABRAC, version revue et corrigée du célèbre SCHILMBLIC, présenté désormais par Léon ZITRONE avec la collaboration de Jacques CAPPELOVICI. Le jeu commence en même temps que LE PETIT RAPPORTEUR. Pour pouvoir poser une question et devenir l'objet mystère, les candidats doivent apporter un objet ancien à faire expertiser ;

- le film, vers 14H00. Le premier film diffusé fut LE VOLEUR DE BAGDAD avec Conrad VEIDT et SABU ;

- des feuilletons comme LES ROBINSONS SUISSES, MASH ou encore COUP DOUBLE. C'est incontestablement le feuilleton MASH inspiré du film de Robert ALTMAN qui, par son ton nouveau, fait sensation auprès des téléspectateurs, peu habitués à être aussi bousculés le dimanche ;

- une série animalière AU PAYS DE LA MONTAGNE SACREE, puis LE MONDE MERVEILLEUX DE LA COULEUR de Walt DISNEY ;

- le tiercé vers 16h00 sur des commentaires de Léon ZITRONE ;

- des émissions pour les enfants avec notamment la série LADY PENELOPE et LA PANTHERE ROSE ;

- des retransmissions sportives, selon l'actualité (les JO d'hiver, PARIS-NICE...) ;

- l'émission MONSIEUR CINEMA de Pierre TCHERNIA et Jacques ROULAND, vers 17h45 ;

- STADE 2 maintenu à 18h30.

En soirée, Guy LUX présente lui-même SYSTEME 2, avec une partie de 19h30 à 20h00 jusqu'au journal télévisé, puis de 20h20 à 21H40. Parmi les premiers invités : Joe DASSIN, invité d'honneur, Annie CORDY, Alain CHAMFORT, Claude FRANCOIS, SHEILA, CARLOS, SIM, et Pierre PERRET.

Enfin un feuilleton clôt le programme. Le premier fut SCHULMEISTER, L'ESPION DE L'EMPEREUR, avec Jacques FABBRI. Suivit une rediffusion des BRIGADES DU TIGRE.

11

Opération Concorde

Le premier vol commercial du Concorde Paris-Dakar-Rio donne lieu à un grand nombre d'émissions spéciales en ces premiers jours de l'année à la télévision.

Le mercredi 14 janvier 1976, à 20h30, sur ANTENNE 2, dans la collection C'EST-A-DIRE dirigée par Georges LEROY, est diffusée une émission OPERATION CONCORDE qui rend hommage à tous ceux qui ont permis à cet avion supersonique de voir le jour ainsi qu'aux pionniers de l'aéropostale. La première partie de l'émission comporte quatre interviews recueillies à Rio de Janeiro par Claude MOSSE : Jean-René LEFEBVRE qui sauva en 1930 GUILLAUMET dans la cordillère des Andes, Léon ANTOINE commandant de l'aéropostale, le commandant DABRY qui, avec MERMOZ, traversa le premier l'Atlantique Sud en 1934 et Jean-Gérard FLEURY, journaliste et pionnier de l'aéronautique. La seconde partie est consacrée à un débat économique et politique sur le Concorde avec notamment la participation de M. CAVAILLE, ministre des transports, Jacques MITTERRAND, directeur de la SNIAS, M. GIRAUDET, PDG d'AIR-FRANCE et Mme Consuelo de SAINT-EXUPERY, la veuve du célèbre écrivain.

Le jour du premier vol, le mercredi 21 janvier 1976, l'avion supersonique s'envole de Paris à 11h45. Un autre vol est programmé de Londres le même jour puisqu'il s'agit d'un avion franco-britannique. On assiste au décollage des 2 concordes, l'écran de télévision étant coupé en deux. Le flash est présenté sur TF1 par Yves MOUROUSI qui monte à bord de l'appareil pour faire vivre l'événement aux téléspectateurs.

LES VISITEURS DU MERCREDI sont ensuite interrompus à 15h30 lorsque le Concorde se pose à Dakar.

A 19h25 les programmes sont de nouveau interrompus pour l'arrivée en direct à Rio de Janeiro.

Enfin, à 22h00, toujours sur TF1 est diffusé un résumé filmé de la journée.

Comme on le sait le CONCORDE va se heurter très vite à l'opposition des Etats-Unis qui ne supportaient pas l'avancée technologique des Européens et utilisèrent toutes les arguties, notamment des raisons environnementales, pour freiner la commercialisation de l'avion. Il faudra attendre novembre 1977 pour que, suite à des pressions diplomatiques, cet avion de légende puisse enfin atterrir à New York...

Grand-père viking

Feuilleton de 6 épisodes de 45 minutes

Diffusion : le samedi à 21h30 sur TF1, à partir du 24 janvier 1976 (après l'émission NUMERO UN de Maritie et Gilbert CARPENTIER)

Scénario de Charles-Jean BONNARDOT et Henri LAMBERT

Réalisation de Claude-Jean BONNARDOT

Musique de François RAUBER

Distribution :

Éric LABOREY (Guillaume adulte)

François CALVET (Guillaume à six ans)

Stéphane BIERRY (Guillaume à 12 ans)

Etienne BIERRY (grand-père viking)

Marie DEA (Sophie)

Henri LAMBERT (Zita)

André LACOMBE (le Mexicain)

Anne AOR (Hélène)

Jean-Marie BERNICAT (Pierre)

Jean-Louis ALLIBERT (le notaire)

Antoine MOSIN (Octave)

Yves PENEAU (le curé)

André PHILIP (le maire)

Christian PEYTHIEU (l'habitant)

Yvon SARRAY (Antoine)

Arlette CHOURAQUI (la secrétaire du médecin

Marc LAMOLE (un employé de la mairie

Et

Le concours des habitants de BREHAL (Manche)

Thème : Guillaume Pudepièce qui est enseigne de vaisseau et s'apprête à embarquer sur la Jeanne d'Arc, se remémore ses souvenirs d'enfance avec son grand-père porté disparu en mer alors que lui-même avait une douzaine d'années. Avant de s'embarquer, il décide de retourner à Bréhal, en Normandie, au pays de son enfance. Son grand-père, ferronnier de son état, était surtout un homme de mer, fier et ombrageux, dont les seuls amis étaient Zita, un ancien acrobate de cirque, et un personnage pittoresque surnommé le Mexicain, deux marginaux qui vivaient dans une cabane dans les dunes en bordure de mer. Le grand-père faisait tout pour rendre merveilleux les séjours de son petit-fils pour le détourner de la vie à Paris.

Commentaires : ce feuilleton sensible et plein de charme qui s'attache aux rapports d'un grand-père avec son petit-fils, manque toutefois un peu de rythme et de péripéties. Heureusement l'interprétation d'Etienne BIERRY, Marie DEA, André LACOMBE et Henri LAMBERT permet de sauver l'ensemble.

Fernand Sardou terrassé

La mort a surpris Fernand SARDOU, ce dernier samedi de janvier 1976 à Toulon, dans les coulisses du théâtre municipal. Terrassé par une crise cardiaque, il avait quelques heures auparavant participé à l'émission MIDI PREMIERE animée par Danièle GILBERT à Mougins. Il était très aimé des téléspectateurs grâce à sa gouaille méridionale.

Fils du comique troupier Valentin SARDOU qui se produisait à la Belle Epoque, notamment avec Félix MAYOL, Fernand SARDOU a tourné au cinéma avec les plus grands dont Marcel PAGNOL (MANON DES SOURCES, LES LETTRES DE MON MOULIN), mais aussi Jean DREVILLE (LES CADETS DE L'OCEAN), Richard POTTIER (MEURTRES), Henri VERNEUIL (LA TABLE AUX CREVES), Jean-Pierre MELVILLE (QUAND TU LIRAS CETTE LETTRE), Jules DASSIN (DU RIFIFI CHEZ LES HOMMES), Henri-Georges CLOUZOT (LES ESPIONS), ou encore Jean RENOIR (LE DEJEUNER SUR L'HERBE). Il a fait aussi une apparition remarquée dans LE GENDARME DE SAINT TROPEZ.

Il a beaucoup joué au théâtre, notamment la pièce MARIUS de Marcel PAGNOL et surtout dans les opérettes où il faisait merveille. (MEDITERRANEE, MARIA FLORA, CRISTOBAL LE MAGNIFIQUE).

A la télévision, il a tourné dans LES CINQ DERNIERES MINUTES (épisode UN POING

FINAL), les feuilletons LE TRAIN BLEU S'ARRETE 13 FOIS et COMMENT NE PAS EPOUSER UN MILLIARDAIRE, et le téléfilm L'HOMME AUX CHEVEUX GRIS.

Chanteur il a connu un grand succès avec la chanson *Aujourd'hui peut-être.*

Mais la saga des SARDOU n'est pas achevée. Son épouse Jackie continue sa tournée théâtrale avec la pièce KNOCK. Son fils Michel poursuit ses galas. Plus tard viendront ses petits-enfants, le romancier Romain SARDOU et le comédien Davy SARDOU.

Brèves de Janvier

Samedi 17 janvier, à 20h30, sur TF1, Jacqueline MAILLAN connaît un triomphe d'audience avec le NUMERO UN que lui consacrent Maritie et Gilbert CARPENTIER. Elle est entourée de ses fidèles : Jacques JOUANNEAU, Daniel GELIN, Claude VEGA, mais aussi des chanteurs ADAMO, Nicole CROISILLE et DALIDA.

Les sociétés des programmes sont inquiètes devant le retard pris par la publication des sondages officiels, un décalage de près d'un mois. Certains responsables considèrent qu'ils naviguent à l'aveuglette, tandis que d'autres considèrent que ce n'est pas plus mal…

Le ministre Jean-Pierre FOURCADE veille à la publicité clandestine. Quelques instants avant de participer à un débat pour TF1, il a tenu à enlever lui-même l'étiquette de la bouteille d'eau placée devant lui.

FEVRIER

JO d'Innsbruck 1976

Après de nombreuses péripéties qui ont fait craindre un moment l'annulation des jeux (la ville américaine de Denver avait été choisie, avant de devoir renoncer), les jeux olympiques d'hiver 1976 se déroulent à Innsbruck en Autriche du 4 au 15 février.

Les épreuves sont largement retransmises par la télévision.

Sur TF1, où la championne Annie FAMOSE est consultante, tout démarre le mercredi 4 février avec la retransmission de la cérémonie d'ouverture à 14h25, interrompant LES VISITEURS DU MERCREDI, sur des commentaires de Georges de CAUNES, Christian QUIDEL, Daniel PAUTRAT, Alain ESCOUBE et Annie FAMOSE. Les autres jours, les épreuves sont retransmises en direct avec des résumés filmés en 2ème partie de soirée aux alentours de 21h30, 22H30. La cérémonie de clôture est diffusée en direct le dimanche 15 février à 20H00, le journal étant avancé à 19h45.

Sur ANTENNE 2, la consultante est Marielle GOITSCHEL. La cérémonie d'ouverture n'est pas retransmise. Mais les épreuves sont également diffusées en direct, sur des commentaires de Robert CHAPATTE, Jean-Michel LEULLIOT, Thierry ROLAND et Bernard PERE. Un des grands moments des jeux est les épreuves de patinage artistique commentées par Léon ZITRONE qui est un spectacle à lui tout seul.

Quant à FR3, la chaîne a fait carrément l'impasse sur les JO, à l'exception de brefs échos dans les journaux télévisés.

Sur le plan sportif, le bilan est maigre pour la France qui n'obtient qu'une seule médaille, la médaille de bronze de Danièle DEBERNARD en Géant. L'autrichien Franz KLAMMER (vainqueur de la descente hommes) et la skieuse ouest allemande Rosi MITTERMAIER (deux médailles d'or et une médaille d'argent) sont les grands triomphateurs des jeux. Mais, au tableau des médailles, la 1ère place est obtenue par l'URSS avec 27 médailles dont 13 en or, devant la RDA (Allemagne de l'Est) et les USA

Alors raconte

Emission de 15 minutes de Georges FOLGOAS et François BIRON

Diffusion : du lundi au vendredi à 19h45, sur TF1, à partir du lundi 2 février 1976

Réalisation de Georges FOLGOAS

Générique à partir de la chanson de Gilbert BECAUD

Commentaires : pour concurrencer l'émission de Gérard MAJAX Y A UN TRUC qui rencontre un grand succès sur ANTENNE 2, la 1ère chaîne décide d'abandonner le traditionnel feuilleton quotidien pour une émission de chansonniers qui racontent quelques bonnes blagues et présentent des sketchs.

L'équipe change chaque semaine et comprend un invité d'honneur, un présentateur et divers invités. Les téléspectateurs sont aussi incités à faire parvenir leurs histoires. Mais le magazine TELE 7 JOURS a rapporté qu'un grand nombre d'histoires ne pouvaient être utilisées parce que trop grivoises. A chaque émission, un sketch est interprété par des comédiens. Enfin l'invité d'honneur propose une énigme, jeu ou charade dont il donne la résolution le lendemain.

Pour la 1ère semaine d'émission, Gilbert BECAUD est l'invité d'honneur, Roger CAREL assure la présentation, et les autres invités sont Jean AMADOU, Pierre-Jean VAILLARD et Maurice HORGUES.

Par la suite, on aura parmi les habitués : Jean-Marie PROSLIER, Jean PAREDES, Maurice BAQUET, Christian MARIN, Alex METAYER, Robert ROCCA, Bernard HALLER, Jean VALTON, Jean RIGAUD, Jean RAYMOND, Laurence BADIE, JEAN JACQUES, Robert CASTEL, JEAN-CHARLES, Francis LAX, Anne-Marie CARRIERE, Michel MULLER, Arlette DIDIER, Marthe MERCADIER, Jacques BALUTIN, Maurice BIRAUD, Jean-Louis BLEZE, ROGER-PIERRE, Henri GENES, Claude NICOT, Perrette PRADIER et le tout jeune Yves LECOQ.

Il est à noter qu'un livre a regroupé les meilleures histoires de l'émission (paru chez Menges, 1976). Il y eut également un 33 tour (RCA, 1976).

Qui j'ose aimer

Téléfilm de 110 minutes

Diffusion : mercredi 11 février 1976 à 20h30 sur TF1

Adaptation et dialogues d'Hervé BAZIN, d'après son roman

Réalisation de Jean-Marie COLDEFY

Distribution :

Véronique JANNOT (Isa)

François DALOU (Maurice)

Anouck FERJAC (Belle)

Mimi YOUNG (Berthe)

Germaine DELBAT (Nathalie)

Pierre DUDAN (M. Meliset)

Francis LEMARQUE (Mahorin)

Fanny ROBIANE (Mme Gombeloux)

Roger BONTEMPS (le curé)

Marius LAUREY (le facteur)

René VIVIER (l'ordonnateur)

Thème : en Bretagne, une jeune femme de 36 ans, divorcée et mère de 2 filles, l'une de 13 ans, l'autre de 18 ans, provoque un certain scandale dans le milieu très conservateur dans lequel elle vit, en se remariant, mais le scandale redouble lorsque sa fille ainée devient la secrétaire, puis la maîtresse de son beau-père.

Commentaires : par crainte peut-être d'être trahi, Hervé BAZIN a lui-même adapté son roman pour la télévision. Pourtant ce Phèdre à la mode de Bretagne, gentiment sulfureux, demeure un peu trop mélodramatique, et est loin d'avoir toute l'intensité de VIPERE AU POING, adaptée également d'un roman d'Hervé BAZIN. Il est vrai que la réalisation est trop académique et ne se permet aucune audace. Reste un thème récurrent dans l'œuvre de BAZIN : un homme se retrouve tel un intrus dans un univers matriarcal dominé par les femmes, une sorte de bourdon qui, après avoir joué son rôle, doit fuir ou mourir. Quant aux interprètes, Germaine DELBAT, en vieille servante gardienne du temple est parfaite, tout comme Mimi YOUNG qui joue la petite sœur un peu simplette et Anouk FERJAC dans le rôle de la mère trahie. Quant à Véronique JANNOT, après LE JEUNE FABRE et des feuilletons en costumes comme PAUL ET VIRGINIE et AURORE ET VICTORIEN, elle affirme ici tout son talent naissant même si elle n'a peut-être pas toute la perversité de son personnage.

La France a peur

Diffusion : journal de 20h le 18 février 1976 à 20h30 sur TF1

Présentation de Roger GICQUEL

Commentaires : " Bonsoir. La France a peur", c'est la phrase d'ouverture du journal télévisé de TF1 du 18 février 1976, le lendemain de l'arrestation du meurtrier de Philippe Bertrand dans l'affaire Patrick HENRY. Cette phrase devenue célèbre a donné lieu à de nombreux contre-sens, certains y voyant même une apologie de l'auto-défense ou une justification de la peine de mort.

Or, c'est tout le contraire, puisque Roger GICQUEL continuait ainsi : " Je crois qu'on peut le dire aussi nettement... Oui, la France a peur et nous avons peur, et c'est un sentiment qu'il faut déjà que nous combattons je crois. Parce qu'on voit bien qu'il débouche sur des envies folles de justice expéditive, de vengeance immédiate et directe... ".

Presque un an plus tard, dans le TELE 7 JOURS n° 869 du 22 janvier 1977, peu avant le procès de Patrick HENRY, Roger GICQUEL revenait sur la polémique et publiait une tribune libre d'une page intitulée " Pourquoi je suis contre la peine de mort". Il écrivait notamment : " Et ce n'est pas par compassion pour les assassins, c'est par amour et par respect pour les victimes que je reste partisan de l'abolition, dans tous les cas. " et il finissait par cette phrase : " En n'appliquant pas la suprême violence officielle, qui remplit de honte ceux qui ont à la faire appliquer, la société tout entière y gagnerait en sérénité".

Moïse

Feuilleton de 6 épisodes de 60 minutes

Première diffusion : de février à mars 1976 sur Antenne 2, à partir du vendredi 20 février tous les vendredi soir à 20h30 avant APOSTROPHES, sauf le dernier épisode diffusé un mardi

Coproduction italo-britannique

Réalisation de Gianfranco DE BOSIO

Scénario : Anthony BURGESS, Vittorio BONICELLI et Gianfranco DE BOSIO

Musique d'Ennio MORICONE

Narrateur : Jean TOPART

Distribution :

Burt LANCASTER (Moise)

Anthony QUAYLE (Aaron)

Ingrid THULIN (Miriam)

Galia JOHN (Miriam jeune)

Irène PAPAS (Sephora)

Laurent TERZIEFF (Merneftah le pharaon)

Aharon IPALE (Josué)

Shmel RODENSKY (Jethro)

Marina BERTI (Eliseba)

Mario FERRARI (Ramsès II)

Michèle PLACIDO (Caleb)

Jacques HERLIN (le magicien)

William LANCASTER (Moïse adolescent)

Ariangela MELATO (princesse Bithia)

Youssef SHILOAH (Dathan)

Patricia DERMOTT (la femme de Dathan)

Commentaires : cette superproduction grandiose qui retrace toute l'histoire de Moïse déploie des moyens et un casting international digne des plus grandes productions hollywoodiennes. Tournée en partie sur les sites historiques ou à proximité et en partie dans les studios de Cinecitta à Rome, elle a nécessité plus de deux ans de tournage et a coûté 3 milliards de lires. Deux versions TV en ont été tirées ainsi qu'une version cinéma diffusée en salles. Burt LANCASTER est très convaincant dans le rôle de Moïse et il est à noter que c'est son fils William qui interprète Moïse adolescent. Une curiosité : Laurent TERZIEFF dans le rôle du Pharaon entêté qui ne veut pas laisser partir les Hébreux. Deux scènes sont particulièrement spectaculaires : le passage de la Mer rouge et l'adoration du Veau d'or. Pour le passage de la Mer rouge, le réalisateur a mis à profit un raz-de-marée qui a maintenu l'eau loin du rivage.

Le dernier épisode a été diffusé le mardi 23 mars 1976 dans le cadre de l'émission LES DOSSIERS DE L'ECRAN et a été suivi d'un débat proposé par Guy DARBOIS et Anne-Marie LAMORY réunissant notamment des représentants des trois religions monothéistes, le rabbin David MESSAS, l'islamologue Alid MERAD, le père Etienne CHARPENTIER, et Ernest LAPEROUSSAZ, directeur d'études à l'Ecole pratique des hautes Etudes.

Il est à noter qu'ANTENNE 2 a choisi d'acheter et de diffuser la version britannique du feuilleton, moins violente que la version italienne.

Le feuilleton est disponible en double DVD (Editions Swift, 2003)

Ma mie Rose

Téléfilm de 105 minutes

Diffusion : mercredi 18 février 1976 à 20h30 sur TF1

Scénario, adaptation et dialogues de Michèle RESSI
Réalisation de Pierre GOUTAS
Distribution :
Gisèle CASADESUS (Ma Mie Rose)
Claude JADE (Agathe
Claude GIRAUD (Régis)
Éric NAJSZTAT (Benoît)
Mireille AUDIBERT (Janine)
Jeanne HERVIALE (la gardienne)

Thème : une vieille dame, Ma Mie Rose, accepte de garder, pendant un mois, Benoît, un petit garçon turbulent et parfois agressif, tandis que ses parents, au bord du divorce, décident de partir en vacances. L'enfant éprouve peu à peu de l'affection pour cette vieille dame qui le comprend. Devenue la confidente des parents, elle tente de les réconcilier et de leur faire découvrir de meilleurs rapports avec leur fils.

Commentaires : Michèle RESSI à qui on doit notamment le feuilleton LA PREUVE PAR 13, propose ici une œuvre plus intimiste qui s'attache aux rapports entre une vieille dame et un petit garçon. Gisèle CASADESUS est très à l'aise dans le rôle de la grand-mère. Le couple, Claude JADE et Claude GIRAUD, est aussi très convaincant. Il est à noter que Claude

GIRAUD, sociétaire de la comédie française depuis janvier 1972, s'était récemment illustré dans HORACE de CORNEILLE.

Les sangliers

Téléfilm de 90 minutes

Diffusion : mercredi 25 février 1976, à 20h30 sur TF1

Réalisation et scénario de Maurice FAILEVIC

Chanson originale d'Alain GORAGUER et Claude LEMESLE, interprétée par Gilles MARCHAL

Distribution :

Yves HUGUES (Lucien)

Michel POUJADE (Joseph)

Roger RIFFARD (Jules)

Pierre NOUGARO (Germain)

Pierre MIRAT (Félix)

Gaétan JOR (Léon)

Georges VAUR (Gaston)

Laurence LIGNERES (Hélène)

Anne-Marie BACQUIE (Denise)

Lyse BOCHET (Lucette)

Philippe GYURU (Jean)

Patrick LAPENA (René)

Et les habitants de CABRESPINE et de VILLENEUVE-MINERVOIS dans l'AUDE.

Thème : A la suite de complications à propos de terrains de chasse et notamment de chasse aux sangliers, des viticulteurs de deux villages voisins du Languedoc, au sein de la Montagne noire, commencent une sorte de petite guerre, faite de braconnages, d'agressions verbales et bientôt d'affrontements violents.

Commentaires : avec cette histoire de sangliers qui est en réalité la chronique de deux villages, Maurice FAILEVIC qui avait déjà conçu pour la télévision le téléfilm LA BELLE OUVRAGE (ORTF, 1970) qui se passait en milieu ouvrier s'est intéressé cette fois au monde paysan qu'il retranscrit à l'écran avec beaucoup de justesse, loin des clichés habituels. Par ailleurs, les images de l'Aude sont superbes. Il est à noter la belle interprétation de Pierre NOUGARO, père du chanteur Claude NOUGARO, qui joue le rôle du maire de l'une des deux communes.

A notre connaissance, le téléfilm n'est pas disponible en VHS ou DVD.

Brèves de Février

Samedi 14 février, à 20h30, sur TF1, grand succès d'audience pour le NUMERO UN consacré à DALIDA, avec la présence de Joe DASSIN, COLUCHE, Pascal AURIAT, François VALERY et Peter SKELLERN.

Jeudi 19 février, à 20h30, ANTENNE 2 retransmet la pièce de Paul CLAUDEL CHRISTOPHE COLOMB, mise en scène de Jean-Louis BARRAULT, avec notamment Jean-Louis BARRAULT, Yves GASC, Madeleine RENAUD et un extraordinaire Laurent TERZIEFF. La réalisation pour la télévision est assurée par Jean-Paul CARRERE. Musique de Darius MILHAUD.

C'est le plus gros transfert de l'année. Se sentant délaissé sur ANTENNE 2, Léon ZITRONE va rejoindre fin février TF1 dont il deviendra le commentateur des grands évènements télévisés. « Nous ne lui avons rien demandé d'autre que d'être ZITRONE » déclare le directeur de l'information Henri MARQUE.

MARS

La terrasse des Bernardini

Téléfilm de 85 minutes

Diffusion : jeudi 4 mars 1976 à 20h30 sur ANTENNE 2

Adaptation de Jean-Louis BORY, d'après le roman de Suzanne PROU

Réalisation de Dominique PAGE

Distribution :

Béatrice BRETTY (Laure Bernardini)

Alice SAPRITCH (Thérèse Reboul)

Nicole JAMET (Laure, jeune)

Attia GUEDJ (Thérèse, jeune)

Marc EYRAUD (Théodore

André MAZEAU (Paul Bernardini)

Gabrielle DOULCET (Mme Constantin)

Jeanne HARDEYN (Mme Bernardini)

Margo LION (jumelle Cygne aînée)

Blanche ARIEL (jumelle Cygne cadette)

Muse DALBRAY (Mlle Fleuriel)

Mimi YOUNG (Suzanne)

Paulette FRANTZ (Mme Lambert)

Alain JANEY (M. Lambert)

Jean LEPAGE (le docteur Noiret)

Thème : Sur la terrasse de la maison des Bernardini, qui domine la ville, un groupe de vieilles dames, assises dans des fauteuils de jardin, commentent tous les potins. Suzanne, une toute jeune fille, est admise dans ce cénacle et va peu à peu découvrir les liens étranges unissant deux femmes vieillissantes, la maîtresse des lieux et sa servante.

Commentaires : le beau roman de Suzanne PROU à l'atmosphère trouble a donné lieu à une adaptation un peu terne et plutôt bavarde de Jean-Louis BORY, souvent mieux inspiré. L'interprétation est inégale : Nicole JAMET et Attia GUEDJ sont plutôt convaincantes mais le jeu trop appuyé d'Alice SAPRITCH peut parfois dérouter.

Un soir à Geoffroy-Guichard

Match de football - 1/4 de finale retour de la Coupe des clubs champions

Diffusion : mercredi 17 mars 1976, simultanément sur TF1 sur des commentaires de Jean RAYNAL et Pierre CANGIONI et sur ANTENNE 2 sur des commentaires de Thierry ROLAND et Bernard PERE.

Réalisation de Pierre BADEL

Commentaires : après un match aller catastrophique où l'équipe des verts de Saint-Etienne a perdu sur le score de 2-0, ce match retour s'annonce très difficile pour l'équipe du Forez. Pour se qualifier il faut qu'elle marque 3 buts sans en encaisser un seul. La plupart des commentateurs donnent peu de chance aux Verts.

Mais c'est sans compter sur la magie du chaudron vert de Geoffroy-Guichard et ses 37 000 spectateurs déchaînés dont certains sont là depuis 4 ou 5 heures. Ils sont venus de toute la région, mais aussi des 4 coins de la France.

Les Stéphanois, remontés comme jamais, attaquent la rencontre pied au plancher tandis que les joueurs de Kiev jouent manifestement le contre comptant sur leur attaquant, le génial BLOKHINE, le ballon d'Or 1975, pour faire la décision.

Pourtant à la mi-temps le score est toujours de 0-0, les chances stéphanoises semblant de plus en plus minces.

Le tournant du match se situe à la 63iéme minute. C'est peut-être la minute la plus importante de toute l'histoire du football français. BLOKHINE joue parfaitement le contre, effaçant JANVION, puis LOPEZ mais, au moment décisif, il tergiverse au lieu de donner le ballon à un partenaire démarqué sur sa gauche et il se fait prendre le ballon par LOPEZ revenu. Sur la contre-attaque, LOPEZ sert PIAZZA, qui décale Patrick REVELLI qui centre et c'est son frère Hervé REVELLI qui marque. Il aurait dû y avoir 1-0 pour Kiev, il y a 1-0 pour Saint-Etienne.

A la 71ème minute, Jean-Michel LARQUE marque un splendide coup-franc. 2-0 pour Saint-Etienne.

Egalité parfaite sur les deux matchs.

On doit jouer les prolongations.

Les Stéphanois, pourtant au bord de l'épuisement, continuent d'attaquer. ROCHETEAU, l'ange vert, est sur une jambe, mais deux remplacements ayant déjà été effectués, il doit rester sur le terrain.

A quelques minutes de la fin du match, Patrick REVELLI traverse la surface de réparation côté droit, effaçant toute la défense de Kiev, parvient à centrer in extremis pour ROCHETEAU, démarqué, qui pousse le ballon dans les buts dans une ambiance assourdissante.

3-0 pour Saint-Etienne qui est qualifié pour les demi-finales.

C'est l'une des plus grandes victoires du football français. Qu'on y songe, l'équipe de France de football n'a pas réussi à se qualifier pour la Coupe du monde 1970 ni pour la Coupe du monde 1974. Elle n'a pas participé aux phases finales du championnat d'Europe 1968 et pas davantage aux phases finales du championnat d'Europe 1972. Cette victoire de Saint-Etienne contre Kiev va redonner confiance à toute la France du football. Dix jours plus tard, dans un parc des Princes aux 3/4 vide, lors du match amical France-

Tchécoslovaquie, alors que c'est le 1er match du tout nouveau sélectionneur Michel HIDALGO, Henri MICHEL s'apprête à tirer un coup franc quand un jeune joueur dont c'est la 1ère sélection s'approche et demande à le tirer à sa place. Henri MICHEL toise l'insolent mais, devant son insistance, il le laisse faire. Le jeune blanc-bec s'élance et marque le but. Il s'appelle Michel PLATINI. La génération PLATINI est en marche ; elle va conduire la France par deux fois en 1/2 finale de la Coupe de monde (1982 et 1986) et à un titre de champion d'Europe (1984). Mais c'est une autre histoire...

Pour l'instant, toute la France des sportifs en pantoufle et des gamins en robe de chambre autorisés ce soir-là par leur papa à veiller tard, fredonne ce refrain qui est en passe de devenir le tube de l'année : " Qui c'est les plus forts, évidemment c'est les Verts. C'est nous qui avons les meilleurs supporters..."

Les Jeux de 20 heures

Emission de 30 minutes

Diffusion : du lundi au vendredi à 20h sur FR3, à partir du lundi 22 mars 1976

Emission de Jacques ANTOINE et Jacques SOLNESS

Présentation de Jean-Pierre DESCOMBES (en région) et Maurice FAVIERES (à Paris)

Réalisation de Marc CHEVILLOT

Commentaires : pour concurrencer les 2 journaux télévisés de TF1 et d'ANTENNE 2, FR3 a l'idée de lancer une nouvelle émission de jeux, LES JEUX DE 20 HEURES, qui permet aussi de parcourir les belles régions de France et de remplir l'un des objectifs assignés à la 3ème chaîne : être la chaîne des régions même si une équipe reste en duplex à Paris.

Après des débuts un peu timides, l'émission va connaître un grand succès, notamment grâce à la présence de Jacques CAPELOVICI, alias Maître Capello, et de son fameux " goret ".

Les chansonniers, déjà habitués de l'émission ALORS RACONTE, vont bientôt se presser pour participer aux jeux, avec des piliers de l'émission tels que Roger CAREL, Pierre-Jean VAILLARD, Robert ROCCA, Jean VALTON, Jean-Marie PROSLIER, Anne-Marie CARRIERE, SIM ou encore Micheline DAX.

Jean-Pierre DESCOMBES assure la présentation dans les régions, tandis que Jacques SOLNESS pour les 2 premières émissions puis Maurice FAVIERES et les personnalités restent en studio à Paris.

La première semaine s'est déroulée à Bordeaux, la 2ème à Lille.

Le mot de sélection du 1er jour était le mot : CALUMETS. A partir de ce mot les candidats devaient composer le plus grand nombre d'autres mots d'au moins 3 lettres pour être sélectionné.

Comme du bon pain

Série de 5 épisodes de 60 minutes

Première diffusion : de mars à avril 1976, le vendredi à 20h30, sur ANTENNE 2, à partir du vendredi 28 mars 1976

Réalisation de Philippe JOULIA

Scénario et dialogues de Michel ANDRE

Musique d'Oswald ANDREA

Distribution :

Georges WERLER (Adrien Boulard)

Danielle PALMERO (Marie Boulard)

Maria MERIKO (Eugénie Boulard)

Isabel AMATO (Véronique)

Michelle ERTRAND (Marinette)

Rosine CADORET (Denise Leroy)

Luisa COLPEYN (Hélène Tricot)

Odette TERRIER (Virginie Vignon)

Jacques DESTOOP (Georges Rivard)

Nicole MAUREY (Madeleine Rivard)

Jean FRANVAL (Louis Chardin)

Henri CREMIEUX (le docteur Angelin)

Edgar GIVRY (Pierre Boulard)

Catherine WATTEAU (Monique Boulard)

Nicole VERVIL (Simone)

Raymond BAILLET (le curé)

Pierre COLLET (Bureau)

Raphaël DELARUE (Lacépède)

André VALTIER (Marcel)

Marguerite CASSAN (Mlle Mignon)
Pierre DANNY (Maurice Vigneau)
Françoise ARNAUD (Gisèle Pelletier)
Françoise BONNEAU (Olympe)
Guy CHAPELIER (Bernard)
Jacqueline FONTAINE (Hortense)
René ROUSSEL (le maire)
Marguerite CASSAN (Mlle Mignon)
Marcel PHILLIPOT (Pinglet)
Jacqueline DOYEN (Coralie)
Clément MICHU (Lulu)
Fred PERSONNE (M. Bergeret)
Virginie VIGNON (Odette)
Hélène BESANCON (la dame sourde)
Louise CHEVALIER (Mme Dubois)
Evane HANSKA (Nicole)
Guy PIERRAULT (Clothaire)
Et
Jeanine SOUCHON

Thème : la vie d'Adrien Boulard, boulanger de 1938 à 1970 dans le petit village de Saint-Gontran situé à 80 km de Paris. C'est une vie assez difficile puisque notre pauvre boulanger au cœur pur ne peut épouser la fille qu'il aime à cause de sa mère tyrannique et possessive, se marie à une femme qui le trompe pendant sa captivité en Allemagne avec un homme qui lui vole ensuite toute ses économies, avant d'être assassinée par des voyous qui volent la caisse et se voit finalement chassé de sa chère boulangerie par sa méchante belle-fille. Il finira écrasé par une voiture.

Commentaires : cette chronique de la France profonde connut un beau succès d'audience, assez inattendu. Peut-être parce qu'elle fleurissait bon la nostalgie dans une France alors en pleine mutation et qu'elle fit aussi beaucoup pleurer dans les chaumières, presque autant que LA PORTEUSE DE PAIN.

Décidément, à la télévision française des années 70, les boulangers n'étaient guère à la fête !

Georges WERLER trouvait là son premier grand rôle, remplaçant BOURVIL auquel Philippe JOULIA avait d'abord pensé lorsqu'il avait commencé à travailler sur cette histoire qui était prévue pour le cinéma. Le reste de la distribution se compose d'acteurs chevronnés, bien connus des téléspectateurs, comme Nicole MAUREY, Henri CREMIEUX ou encore Jean FRANVAL.

Plusieurs épisodes sont disponibles sur le site de l'INA (www.ina.fr)

Les roses de Manara

Téléfilm de 90 minutes
Diffusion : mercredi 24 mars 1976 à 20h30 sur TF1
Scénario de Louis PAUWELS et Jean
KERCHBRON
Dialogues et poèmes de Louis PAUWELS
Réalisation de Jean KERCHBRON
Musique originale de Jean WIENER
Orchestre dirigé par André GIRARD
Combats et cascades réglés par Claude CARLIEZ
Distribution :
Jean-Claude DROUOT (Jean)
Jean-Roger CAUSSIMON (le pèlerin)
Jean RUPERT (le photographe)
José BRUGHERA (le guide)
Denise ROULAND (la star)
Mireille AUDIBERT (Isabelle)
Aniouta FLORENT (Géronima)
Et
Georges ADET
Clément BALRAM
Éric MENONGAUD
Max MEGY
Fernand GUIOT
Roger BONTEMPS
Yves GABRIELLI
Albert HARIVEL

Nicky GORSKA
Pierre DUNCAN
François PERROT
Lucien PRIVAT
Catherine DAGAND
Jean-Jacques STEEN
Alexis DUMAY
Raoul GUYLAD
Jean-Marc MANIATIS
Michel POUJADE
Claude MARCAULT
Georges LUCAS
El KEBIR
Jean CASSIES

Thème : au cours d'un reportage, Jean, qui est un journaliste moderne en jeans et voiture de sport, rencontre dans un couvent à Séville un étrange pèlerin qui lui conte les aventures de Miguel de Manara, sorte de Don Juan repenti du XVIIème siècle qui finit sa vie dans les ordres et repose dans la crypte du couvent. Jean qui est un homme cynique et désabusé, écoute le récit d'un air ironique, mais cela va beaucoup plus le marquer qu'il ne le pense. Il reprend sa vie de débauché, séduit un jeune éphèbe blond, échappe à un mari jaloux et à une amazone en furie, expérimente diverses substances illicites avec des hippies américains et gagne même une dame au poker, mais il se rend compte peu à peu de l'inutilité de sa vie...

Commentaires : après avoir revisité le mythe de FAUST dans PRESIDENT FAUST, Louis PAUWELS et Jean KERCHBRON se sont amusés à nous proposer une version modernisée du mythe de Don Juan. Mais Jean-Claude DROUOT qui cherche toujours à faire oublier sn personnage en collant et justaucorps de THIERRY LA FRONDE, livre de Don Juan une version trop outrée, à force de vociférations et de ricanements. Il peine à donner de la profondeur à son personnage. Restent des images magnifiques dues à René MATHELIN et Christian PETARD et l'interprétation toujours aussi savoureuse de Jean-Roger CAUSSIMON.

La 1ère du cinéma de Minuit

Diffusion : tous les dimanches aux alentours de 22h30 sur FR3, à partir du dimanche 28 mars 1976 (à l'origine l'émission commençait à 22h30 pour s'achever à minuit. Par la suite, elle commencera à minuit)

Générique " Les Etoiles du cinéma ", sur une musique composée par Francis LAI

Présentation de Patrick BRION

Commentaires : comme le CINE-CLUB, cette nouvelle émission de cinéma revisite les grands classiques qui sont diffusés en version originale, sous-titrée en français. Elle est présentée par l'historien du cinéma Patrick BRION dont la voix-off qui présente brièvement les films, va bientôt devenir très familière des téléspectateurs et inspirer les imitateurs.

Organisée autour de cycles, l'émission commence par un cycle consacré à Greta GARBO avec la projection du film américain muet en noir et blanc LA TENTATRICE " (1926) de Fred NIBLO et Mauritz STILLER où la Divine est entourée de Antonio MORENO, Lionel BARRYMORE et Marc McDERMOTT. C'est un superbe mélo qui voit une femme fatale, mariée à un marquis et maîtresse d'un banquier, tenter de séduire un bel ingénieur argentin. Il est à noter que l'on doit au réalisateur Fred NIBLO plusieurs grands classiques du cinéma muet dont LE SIGNE DE ZORRO (1920) avec Douglas FAIRBANKS, BEN-HUR (1925) avec Ramon

49

NOVARRO et ARENES SANGLANTES (1922) avec Rudolf VALENTINO.

Le 1er générique est composé de photographies et d'images de plateaux. Ce n'est que le 2ème générique, en 80, qui verra des couples mythiques du cinéma se succéder en de subtils fondus enchaînés.

Brèves de Mars

Ce vendredi 5 mars 1976, à 21h30 sur ANTENNE 2, Bernard PIVOT reçoit dans APOSTROPHES le boxeur Cassius CLAY (Mohamed ALI) pour son livre de mémoires « Le plus grand » (Gallimard), avec aussi Jean CAU et Pierre SALINGER. Devant le boxeur poids lourd, les contradicteurs se sont faits assez discrets.

Décision de l'Etat de New York : désormais les huissiers devront laisser aux malheureux « saisis » non seulement le lit, la chaise et la table règlementaire, tous objets de première nécessité, mais aussi leur poste de télévision. Le petit écran devient donc un objet de première nécessité.

AVRIL

La 1ère nuit des Césars

Diffusion : samedi 3 avril 1976 à 20h30 sur ANTENNE 2, en direct du Palais des Congrès

Emission de Georges CRAVENNE et Jacques DEMY

Présentation de Pierre TCHERNIA et Jean-Claude BRIALY

Commentaires : c'est Georges CRAVENNE qui, pour concurrencer les Oscars d'Hollywood, a eu l'idée de créer ces Césars du cinéma français. Pour cette 1ère cérémonie, 13 statuettes sont remises dues au sculpteur CESAR. Les lauréats sont désignés par une Académie des arts et techniques du cinéma et récompense les films sortis en 1975.

La 1ère cérémonie est présidée par Jean GABIN dont c'est l'une des dernières apparitions en public.

Le meilleur film est LE VIEUX FUSIL de Robert ENRICO, tourné à Montauban et à Bruniquel en Tarn-et-Garonne. Autres films en compétition : COUSIN, COUSINE de Jean-Charles TACCHELLA, QUE LA FETE COMMENCE de Bertrand TAVERNIER et SEPT MORTS SUR ORDONNANCES de Jacques ROUFFIO.

Le meilleur acteur est Philippe NOIRET qui joue dans LE VIEUX FUSIL. Il devance Gérard DEPARDIEU pour SEPT MORTS SUR ORDONNANCES, Victor LANOUX pour COUSIN,

54

COUSINE et Jean-Pierre MARIELLE pour LES GALETTES DE PONT-AVEN.

La meilleure actrice est Romy SCHNEIDER non pour son rôle dans LE VIEUX FUSIL mais pour L'IMPORTANT, C'EST D'AIMER. Sont aussi nominées dans la catégorie : Isabelle ADJANI pour L'HISTOIRE D'ADELE H (elle s'était levée croyant qu'elle avait gagné alors que l'on n'avait pas encore dit le nom de la gagnante), Catherine DENEUVE pour LE SAUVAGE et Delphine SEYRIG pour INDIA SONG.

Le meilleur acteur dans un second rôle est Jean ROCHEFORT pour QUE LA FETE COMMENCE. Sont aussi nominés : Victor LANOUX, Jean BOUISE et Patrick DEWAERE pour ADIEU POULET.

La meilleure actrice dans un second rôle est Marie-France PISIER pour COUSIN, COUSINE. Elle l'emporte sur Isabelle HUPPERT, Andréa FERREOL et Christine PASCAL.

Le meilleur réalisateur est Bertrand TAVERNIER pour QUE LA FETE COMMENCE. Il remporte aussi le césar du meilleur scénario avec Jean AURENCHE.

François de ROUBAIX, pour LE VIEUX FUSIL remporte le César de la meilleure musique de film.

Le César du meilleur film étranger est attribué à PARFUM DE FEMME De Dino RISI. Autres films nommés : AGUIRRE OU LA COLERE DE DIEU de Werner HERZOG, LA FLUTE ENCHANTEE d'Ingmar BERGMAN et NASHVILLE de Robert ALTMAN.

Deux Césars d'honneur sont attribués à Diana ROSS et Ingrid BERGMAN.

Cette 1ère nuit des Césars qui voit le triomphe principalement de deux films, LE VIEUX FUSIL et QUE LA FETE COMMENCE, a fait l'objet d'un succès mitigé en termes d'audience. Il est vrai que l'émission avait été diffusée sur ANTENNE 2 en même temps que le concours EUROVISION DE LA CHANSON sur TF1. Par ailleurs beaucoup ont critiqué le principe même de cette cérémonie, imitée des Américains. Pourtant ce rendez-vous annuel du cinéma français allait peu à peu s'installer et, au fil des années, devenir quasi incontournable.

Les visiteurs du dimanche soir

Emission de 105 minutes

Diffusion : tous les dimanches à 20h30, sur FR3, à partir du dimanche 11 avril 1976

Emission de Jean-François KAHN

Réalisation de Maurice FAILEVIC

Présentation de Jean-François KAHN et Anne SINCLAIR

Commentaires : cette émission réalisée en direct et en présence d'invités tourne autour d'un thème, d'un personnage célèbre ou d'un évènement historique. Il s'agit, à partir de ce thème, de construire un spectacle composé de sketchs, d'extraits de films, de pièces de théâtres ou de musique, d'extraits d'actualités et surtout de débats, chaque élément servant à éclairer un aspect du sujet traité.

Les débuts sont animés par deux journalistes, Jean-François KAHN et Anne SINCLAIR qui, bien qu'ayant participé comme invités à certaines émissions, font en réalité leurs grands débuts à la télévision, au moins comme animateurs.

Les deux premières émissions des 11 et 18 avril ont pour thème : l'information. Parmi les invités : Georges SUFFERT et Paul GUIMARD, avec des chansons de Guy BEART et Jean FERRAT, le monologue sur la censure, extrait du MARIAGE DE FIGARO de BEAUMARCHAIS, dit par Raymond BUSSIERES, des extraits du CITIZEN KANE d'Orson WELLES et de L'HONNEUR PERDU DE KATHARINA BLUM de Volker SCHLOOENDORFF et Margareth von TROTTA et des extraits d'actualité montrant comment on peut faire dire à une même image une chose et son contraire. La deuxième émission, sur le même thème, est sous la forme d'un débat en direct réunissant Jean d'ORMESSON (LE FIGARO), René ANDRIEU (L'HUMANITE), Jean SCHWOEBEL (LE MONDE), Georges MAMY (LE NOUVEL OBSERVATEUR), Dominique PADO (L'AURORE), Pierre PUJO (ASPECTS DE LA FRANCE), Henri AMOUROUX et Pierre DESGRAUPES.

Une fois par mois l'émission est consacrée au cinéma et est présentée par Paul GIANNOLI avec le sous-titre REFLECTION.

L'homme d'Amsterdam

Série de 6 épisodes de 60 minutes

Coproduction TF1 et la télévision hollandaise

Première diffusion : le jeudi à 20h30 sur TF1, à partir du jeudi 15 avril 1976

Réalisation de Victor VICAS et John VAN DER REST (chacun réalisant trois épisodes)

Scénario de Ron WUNDERINK

Adaptation et dialogues de Claude CYRILLE

Musique de Peter VERLINDEN

Distribution :

Pierre VANECK (Pierre Vermeer)

Josine VAN DALSUM (Helen Vermeer)

Maxime HAMEL (Jan Vermeer)

Albert MEDINA (Beretti)

François MAISTRE (Max)

Jean-Claude DAUPHIN (Jimmy Goldano)

EPISODES :

1- Le timbre rouge (15/04) : un oiseleur est assassiné à Amsterdam dans des conditions mystérieuses. L'enquête va se poursuivre jusqu'à Bangkok.

2- Enquête sur une idole (22/04) : un jeune chanteur, un peu naïf (Jean-Claude DAUPHIN), est manipulé par son imprésario (Albert MEDINA) et un directeur de journal à scandale (François MAISTRE).

3- Le Chat aime la choucroute (29/04) : une affaire complexe d'espionnage industriel avec Luce GARCIA-VILLE, Jean-François REMI et André WEBER.

4- Un camion en argent (06/05) : une série de hold-ups se déroulent en Hollande lors de transports de fonds.

5- L'Escale de la peur (13/05) : à Genève un objet inestimable est dérobé dans un coffre-fort de Genève, avec Stéphane BOUY, Georges LYCAN, Jean MERMET et Max MONTAVON.

6- Vertige (20/05) : d'étranges évènements se déroulent dans une clinique psychiatrique où l'on fait perdre leur personnalité aux malades.

Thème : Pierre Vermeer, archéologue et passionné d'énigmes policières aide son frère, commissaire de police, à résoudre ses enquêtes. Il bénéficie à chaque fois du concours de sa fille adoptive Helen, hôtesse de l'air.

Commentaires : Pierre VANECK, portant ici une barbe de baroudeur, campe avec son talent habituel cet aventurier d'un genre un peu particulier. Mais la réalisation manque de souffle, la coproduction franco-hollandaise n'arrangeant pas les choses. Les épisodes de Victor VICAS (LES BRIGADES DU TIGRE) sont cependant plus enlevés, notamment l'épisode 2 ENQUETE SUR UNE IDOLE qui porte un regard acéré sur le monde du show business. La superbe Josine VAN DALSUM, qui joue la fille adoptive de Pierre VANECK est très connue en Hollande où elle mène aussi une carrière de chanteuse.

L'HOMME D'AMSTERDAM n'est sorti, à notre connaissance, ni en VHS ni en DVD.

Première neige

Téléfilm de 120 minutes
Première diffusion : samedi 17 avril 1976 à 20h30
sur ANTENNE 2
Réalisation de Claude SANTELLI
Adaptation et dialogues de Claude SANTELLI,
d'après Guy de MAUPASSANT
Distribution :
Martine CHEVALLIER (Jeanne)
Paul BARGE (Henry)
Nathalie NEIL (Rose)
Denise GENCE (mère de Jeanne)
Germaine DELBAT (Céleste)
Michel ROBIN (Gustave)
Bernard CROMMBEY (Lucien)
Marc EYRAUD (fossoyeur)
Philippe DESBOEUF (décorateur)
Roger VAN DOUDE (médecin)
Thème : au Dix-neuvième siècle, en Normandie, une jeune parisienne, à peine sortie du pensionnat, découvre, aux côtés de son mari, un hobereau, la vie à la campagne avec tout ce qu'elle peut comporter de rudesse et de déceptions.
Commentaires : cette adaptation de Guy de MAUPASSANT est sans doute une des plus réussies de Claude SANTELLI. Les images sont très soignées, la mise en scène est parfaite et les interprétations de Martine CHEVALLIER et surtout de Paul BARGE

excellentes. Claude SANTELLI soulignait d'ailleurs dans le TELE 7 JOURS du 17 avril 1976 que c'était l'adaptation de MAUPASSANT à laquelle il tenait le plus parce qu'elle était la plus profonde et la plus achevée de toute. Celui à qui on devait le premier feuilleton télévisé de la télévision française (LE TOUR DE LA FRANCE PAR DEUX ENFANTS) était en effet, avec cette PREMIERE NEIGE, au sommet de son art.

Le téléfilm est disponible sur le site de l'INA (www.ina.fr).

L'amour fou, ou la première surprise

Dramatique de 110 minutes
Diffusion : jeudi 22 avril 1976 à 20h45 sur ANTENNE 2
D'après André ROUSSIN
Mise en scène de Pierre CAVASSILAS
Distribution :
Geneviève FONTANEL (Solange Berger)
Jacques DESTOOP (Marcel Boissette)
Katy FRAYSSE (Nicole Berger)
Jacques ALAIN (Jean-Pierre Berger)
Jean BERGER (Edouard Nerger)
Francis LAX (André Berger)
Catherine CHAUVIERE (Suzanne)

Thème : Mariés chacun de leur côté, un homme et une femme se découvrent brutalement une passion l'un pour l'autre. Mais cet amour pourra-t-il survivre à la réalité ?

Commentaires : cette comédie douce-amère comprend des scènes un peu banales, des monologues un peu longuets et une certaine incohérence des personnages féminins. Heureusement Geneviève FONTANEL et Jacques DESTOOP font montre d'un bel abattage tandis que Francis LAX apporte à cette pièce filmée toute sa fantaisie.

Les mystères de New York

Feuilleton de 5 épisodes de 60 minutes
Diffusion : tous les vendredis, à 20h30, sur ANTENNE 2, à partir du vendredi 30 avril 1976
Scénario, adaptation et dialogues d'Alain CAMILLE (A.D.G) et Jean-Pierre RICHARD
D'après l'œuvre de William KOBB
Dialogues d'Alain CAMILLE
Réalisation de Jaime JAIMES
Musique de Michel VALMER
Distribution :
Pierre VERNIER (Dan Yoke)
Hélène ARIE (Effie)
Olivier BOUSQUET (Willie)
William CORYN (Jemmy)
Jacques DAVID (Clumb)
Olivier HUSSENOT (Colosse)
Laurence IMBERT (Netty)
Claude LEGROS (Trip)
Stéphanie LOIK (Mary)
Alain MacMOY (Tillinghast)
Jean-Luc MOREAU (Bam)
Henri POIRIER (Kennet)
Albert SIMONO (Macy)
Hélène SURGERE (Mrs Symmons)
Igor TYCZKA (Mop)
Yvan VARCO (Edward)

Maryvonne SCHILTZ (Antonia)
Jacques SALA (le tailleur)
Jean-Pierre RAMBAL (Swindler)

Thème : en 1876, à New York, un personnage intemporel, Dan Yoke, sorte de comte de Saint-Germain, à la fois poète et philosophe, aidé par le savant Colosse, déclenche un complexe mécanisme de vengeance à la suite de la pendaison d'un innocent. De multiples intrigues se croisent où les bons sont sans défense et les méchants sans pitié. Clum, le terrible aubergiste parviendra-t-il à corrompre Jemmy, le petit violoniste ? Edward échappera-t-il à l'odieux chantage du banquier cynique ?

Commentaires : on retrouve avec plaisir Pierre VERNIER dans des aventures qui rappellent un peu celles de ROCAMBOLE ou des HABITS NOIRS avec un côté bande dessinée très marqué. C'est Alain CAMILLE, alias A.D.G, auteur de la SERIE NOIRE, à qui on doit l'adaptation de CHERI-BIBI, qui signe l'adaptation du roman de William KOBB, en réalité un auteur anglais qui n'a jamais mis les pieds en Amérique.

Le feuilleton a été entièrement tourné en studio avec un nouveau procédé appelé " le transflex". Les comédiens jouent sur une scène qui comporte très peu de décor et ce sont des diapositives qui évoquent les paysages.

Ce feuilleton ne doit pas être confondu avec le sérial muet en noir et blanc réalisé en 1914 par Louis GASNIER, avec la magnifique Pearl WHITE.

Brèves d'Avril

Le CONCOURS EUROVISION DE LA CHANSON 1976 a été retransmis en direct de Stock La Haye le samedi 3 avril 1976 à 20H30 sur TF1, en concurrence avec LA NUIT DES CESARS retransmise à la même heure sur ANTENNE 2. Le concours, d'un niveau général assez moyen cette année, est remporté par le Royaume-Uni avec la *chanson « Save your kisses for me »* interprétée par BROTHERHOOD OF MAN, et qui va connaître un grand succès. La France avec Catherine FERRY termine 2ème. Les commentaires pour la France sont assurés par Jean-Claude MASSOULIER (émission « L'HOMME QUI N'EN SAVAIT RIEN »). Il est à noter que la chanteuse représentant l'Italie, Romina POWER n'est autre que la fille de l'acteur américain Tyrone POWER et de l'actrice LINDA CHRISTIAN. Enfin, parmi les choristes de Catherine FERRY, se trouve un certain Daniel BALAVOINE alors au tout début de sa carrière (et compagnon alors de Catherine FERRY).

Le feuilleton allemand en 18 épisodes KREMPOLI diffusé depuis le début du mois d'avril dans LES VISITEURS DU MERCREDI connaît un grand succès auprès des jeunes téléspectateurs. Il permet de suivre un groupe de 13 enfants qui ont pris pour terrain de jeux un vieux dépôt où se trouvent toutes sortes de débris.

MAI

Un bail pour l'éternité

Téléfilm de 90 minutes
Diffusion : jeudi 6 mai 1976 à 20h30 sur ANTENNE 2

Scénario, original, adaptation et dialogues de Christine ARNOTHY et Yves-André HUBERT
D'après une nouvelle de Christine ARNOTHY
Réalisation d'Yves-André HUBERT
Musique originale d'Even DE TISSOT
Distribution :
Francine BERGE (Françoise)
Sandro DORI (un passager)
Gino LAVAGETTO (le délégué de l'agence)
Elena MONTAGNANI (la vieille femme)
Ernesto COLLI (un bandit)
Vittorio MEZZOGIORNO (un bandit)
Giacomo PIPERNO (Vittorio)
Michel BEAUNE (Bernard)
Massimo CORRIZZA (Lorenzo)

Thème : lassée de sa vie, une Parisienne choisit de s'installer en Sardaigne, dans une maison qu'elle a gagnée en participant à un concours. Elle a rompu avec son amant qui est un homme marié. Elle se retrouve dans un petit village isolé où elle va rapidement être confrontée à une situation délicate : un homme va être kidnappé et gardé prisonnier dans sa maison que les ravisseurs croyaient inhabitée...

Commentaires : ce téléfilm est une sorte d'enquête à la fois policière et psychologique qui tourne autour du personnage principal féminin incarné par Francine BERGE. La réalisation est un peu plate et l'ensemble est surtout sauvé par les paysages splendides de Sardaigne.

Les poteaux carrés de Glasgow

Diffusion : mercredi 12 mai 1976 à 21h sur TF1 en direct de Glasgow et en différé sur ANTENNE 2 à partir de 22h45

Commentaires de Pierre CANGIONI et Jean RAYNAL

Commentaires : après avoir éliminés en demi-finale les rudes bataves du PSV ENDHOVEN, emmenés par les redoutables frères Van DER KERKHOF, les Verts de SAINT-ETIENNE retrouvent en finale les Allemands du BAYERN DE MUNICH, qui ont écarté eux, en demi-finales, le REAL MADRID.

TF1 qui retransmet la finale en direct consacre une grande partie de ses flashs télévisés à ce match du siècle. Ainsi Yves MOUROUSI fait à l'évènement une large place dans son journal de 13H.

Hélas, comme on le sait, ce sont les Allemands qui l'emportent grâce à un but de ROTH (57e), tandis que les Stéphanois, par deux fois, tirent sur les poteaux carrés de Glasgow : BATHENAY (34e) et SANTINI (39e). Si les poteaux avaient été ronds, ils auraient eu un effet " rentrant " et SAINT-ETIENNE aurait été champion d'Europe, mais, avec le recul, on se dit que cette équipe du BAYERN, qui était l'ossature de l'équipe championne du monde 1974, avec à sa tête le Kaiser Franz BECKENBAUER lui-même mais aussi le gardien MAIER et les attaquants MULLER et RUMENIGGE, était trop forte pour les Stéphanois.

Avec cette finale de Glasgow, elle remportait d'ailleurs son 3ème titre européen d'affilée.

Les VERTS devant être reçus dès le lendemain à l'Elysée par le Président de la République, Valéry GISCARD D'ESTAING, le coup de génie du président Roger ROCHER, bien aidé par Jacques VENDROUX, est de faire descendre les Champs-Elysées par son équipe et l'entraineur Robert HERBIN de sorte que, devant près de cent mille supporters déchainés (selon la Préfecture de police), l'amère défaite se change en triomphe romain, les VERTS rejoignant ainsi dans la légende des perdants magnifiques le valeureux Raymond POULIDOR, éternel deuxième du Tour de France. Plus tard viendront les rejoindre, dans ce glorieux palmarès des vaincus, les BLEUS de la demi-finale de Séville, toujours contre les Allemands...

Bien des années plus tard, les VERTS, pas rancuniers, rachèteront les fameux poteaux carrés de Glasgow pour les mettre dans leur musée.

Le festival de Cannes 1976

Le festival de Cannes 1976 s'est déroulé du 13 au 28 mai.

Le jury présidé par l'écrivain et dramaturge américain Tennessee WILLIAMS, a couronné TAXI DRIVER de Martin SCORSESE. Les films CRIA CUERVOS de Carlos SAURA et LA MARQUISE D'O d'Éric ROHMER remportent ex aequo le Grand prix spécial du jury. Dominique SANDA pour L'HERITAGE de Mauro BOLOGNINI et Mari TOROCSIK pour OU ETES-VOUS MADAME DERY? de Gyula MAAR se partagent le prix d'interprétation féminine et José Luis GOMEZ pour PASCUAL DUARTE de Ricardo FRANCO reçoit le prix d'interprétation masculine. Enfin Ettore SCOLA pour AFFREUX, SALES ET MECHANTS remporte le prix de la mise en scène.

Malgré tout, ce sont les deux acteurs de TAXI DRIVER, Robert DE NIRO et Jodie FOSTER, grands oubliés du palmarès, qui retiennent l'attention des festivaliers. A été aussi remarquée Isabelle ADJANI pour son rôle dans LE LOCATAIRE de POLANSKI. On peut également citer la prestation d'Alain DELON dans MONSIEUR KLEIN, peut-être son meilleur rôle.

Parmi les autres films remarqués dans cette sélection très riche : BUGSY MALONE d'Alan PARKER, AU FIL DU TEMPS de Wim WENDERS, LE

LOCATAIRE de Roman POLANSKI et MONSIEUR KLEIN de Joseph LOSEY.

Quant à L'EMPIRE DES SENS de Nagissa OSHIMA, présenté à la Quinzaine des réalisateurs, il suscite aussitôt la polémique. En dehors de la scène de l'œuf qui fit tant gloser, ce film étonnant, mélange de film d'auteur (la scène de la fellation) et de film pornographique (les références à Roland Barthes), montre que l'amour, le véritable amour, ne peut que finir dans la mort de l'homme et la folie de la femme qui l'aime...

Enfin un hommage est rendu à Luchino VISCONTI, récemment disparu.

Il est à noter que le film de montage de Gene KELLY HOLLYWOOD HOLLYWWOD présenté hors compétition en ouverture du festival a permis de voir sur les marches du palais des légendes d'Hollywood comme Gene KELLY, Fred ASTAIRE, Cyd CHARISSE, Gary GRANT et même Johnny WEISSMULLER.

A la télévision, le festival a pris une certaine importance, même si ANTENNE 2 reste timide dans sa programmation.

Sur TF1 :

- à partir du jeudi 13 mai, l'émission MIDI-PREMIERE, à 12h30, du lundi au samedi, animée par Danièle GILBERT, se déroule tous les jours en direct de Cannes, talk-show quotidien où viennent défiler les acteurs et réalisateurs du festival, ce qui fait de MIDI-PREMIERE de Danièle GILBERT l'ancêtre kitsch et branché du GRAND JOURNAL de CANAL PLUS ;

- le dimanche 15 mai, l'émission LES RENDEZ-VOUS DU DIMANCHE animée par Michel DRUCKER diffuse des extraits des principaux films présentés à Cannes. L'émission du dimanche 23 mai fait également une très large part au festival ;

- le dimanche 23 mai, à 22h10, l'émission POUR LE CINEMA de Frédéric ROSSIF et Robert CHAZAL est consacrée au festival ainsi qu'à Charles VANEL.

Sur ANTENNE 2 :

- le samedi 15 mai, à 18h00, l'émission CLAP de Pierre BOUTEILLER est retransmise en direct de Cannes avec une interview de Maurice BESSY, délégué général du Festival ;

Sur FR3 :

- le samedi 15 mai, à 19h40, l'émission de Georges PERNOUD et Claude LEFEVRE UN FESTIVAL, UN EVENEMENT est consacrée au Festival ;

- le même jour, à 20H, une émission SPECIAL CANNES de Maurice LE ROUX, Jean-Louis BORY et Anne ANDREU ;

- le dimanche 23 mai, à 20h30, l'émission LES VISTEURS DU DIMANCHE SOIR animée par Pierre KALFON fait LA FETE A CANNES, avec la participation notamment de Frédéric MITTERRAND du comité de sélection des films.

Le cousin Pons

Téléfilm de 80 minutes
Diffusion : jeudi 19 mai 1976 à 20h40 sur ANTENNE 2
Adaptation et dialogues de Jean-Louis BORY
D'après le roman d'Honoré de BALZAC
Réalisation de Guy JORRE
Distribution :
Henri VIRLOJEUX (le cousin Pons)
Dominique DAVRAY (Mme Cibot, la concierge)
François VIBERT (Schmucke)
Etienne BIERRY (Remonencq)
François DARBON (Fraisier)
Charles CHARRAS (Camust)
Sylvie DENIAU (la présidente)
Nadia STRANCAR (Cécile)
Guy KERNER (Fritz Brunner)
François TIMMERMAN (Schwab)
Jean-Pierre LITUAC (le docteur Poulain)
Lucie AVENAY (Mme Fontaine)
Sarah CHANEZ (Mme Sauvage)
Maurice NASIL (Magus)
Jean WINIGER (Berthier)
Marcelle BARREAU (la cuisinière)
Pierre GUALDI (Trognon)
Sébastien FLOCHE (Topinard)
Et
Jacques CIRON

Jean EDMON
Michel DUPLAIX
Jacques GALLAND
François VALORBE
Jacqueline ROUILLARD
Jean DAGUERRE
Joël MARTINEAU
André VAYSSE

Thème : pour une affaire d'héritage, un célibataire solitaire à l'agonie est livré à la rapacité et à la cruauté de son entourage qui veut s'emparer de sa collection qui vaut une fortune.

Commentaires : dans son adaptation, Jean-Louis BORY a bien restitué la noirceur du dernier roman de BALZAC, trouvant en Henri VIRLOJEUX l'interprète idéal, bien secondé par François DIBERT, Dominique DAVRAY et François DARBON. Avec LE COUSIN PONS et LA COUSINE BETTE, soit les " parents pauvres ", BALZAC avait laissé une sorte de testament où il entendait dénoncer l'acharnement des forts sur les faibles. La réalisation un peu académique de Guy JORRE a le mérite de s'effacer derrière l'histoire et de bien restituer cette " comédie terrible " (le mot est de de BALZAC lui-même). LE COUSIN PONS, ou le triomphe absolu du mal.

LE COUSIN PONS avait déjà fait l'objet d'un film muet en noir et blanc réalisé en 1924 par Jacques ROBERT avec notamment Maurice de FERAUDY, sociétaire de la Comédie française, André NOX, Gaston MODOT et Paulette PAX.

Sandokan

Feuilleton de 6 épisodes de 55 minutes

Coproduction ORTF (France), BAVARIA (Allemagne) et RAI (Italie)

Première diffusion : le jeudi à 20h30 sur TF1 à partir du jeudi 27 mai 1976

Réalisation de Sergio SOLLIMA

D'après le roman d'Emilio SALGARI "LES TIGRES DE MONPARCEM"

Dialogues français de Pierre CHOLODENKO

Musique de Guido et Maurizio de ANGELIS

Distribution :

Kabir BEDI (SANDOKAN)

Adolfo CELI (Sir James Brooke)

Philippe LEROY (Yanez de Gomera, ami de SANDOKAN)

Carole ANDRE (Marianna)

Andréa GIORDANA (colonel Fitzgerald)

Hans KANINBERG (Lord Guillonk)

Renzo GIOVAMPIETRO (docteur Kirby)

Milla SANNORER (Lucy)

Iwao YOSHIOKA (Daro)

Thème : au milieu du XIXième siècle, SANDOKAN, dit le Tigre de Malaisie, mène la résistance du peuple malais contre l'influence anglaise de la Compagnie des Indes, incarnée par le sinistre colonel Fitzgerald. On le croit mort, mais SANDOKAN va renaître de ses cendres...

Commentaires : inspiré du célèbre roman très populaire en Italie d'Emilio SALGARI (1862-1911), dit le Jules VERNE italien, ce feuilleton « de mer et d'épée » est un peu disparate, coproduction internationale oblige. Mais les décors sont magnifiques (le feuilleton a été tourné sur les lieux de l'action à Ceylan et en Malaisie) et l'acteur indien, Kabir BEDI, fils d'une religieuse bouddhiste et d'un gourou retiré à Milan, qui incarne SANDOKAN est doué d'un charisme certain, ce qui constitue un des atouts de ce roman-photo exotique. Par ailleurs, Sergio SOLLIMO, critique cinématographique, très connu à l'époque en Italie, déjà réalisateur de trois westerns populistes et tiers-mondistes dans les années 60, a trouvé dans ce feuilleton l'occasion de développer une critique tiers-mondiste du colonialisme.

Il est à noter que l'histoire de SANDOKAN a été adaptée par la suite en dessin animé ainsi qu'en bande dessinée, publiée dans AKIM en 1977-78 n° 437 à 457, dans BRIK n° 191 à 1996 et dans RINTINTIN n° 125 et 126. Il y eut également des suites sous forme de téléfilms ou de mini-séries, toujours avec Kabir BEDI. Egalement, devant le succès du feuilleton, MATTEL a diffusé une poupée SANDOKAN dans la série des BIG JIM et MIRO a édité un jeu de société en 1976.

Avant la série de 1976, deux films sur SANDOKAN ont été réalisés par Umberto LENZI en 1963 et 1964 avec Steve REEVES dans le rôle-titre.

Enfin cette histoire a fait également l'objet d'une adaptation en bande dessinée par le dessinateur Hugo PRATT demeurée inédite pendant près de 40 ans jusqu'à ce qu'elle soit retrouvée en 2007 dans sa cave.

Brèves de Mai

Le samedi 1er mai, en raison de la fête du travail, les programmes ne débutent qu'à 19h45 pour TF1, 20h pour ANTENNE 2 et 18h50 pour FR3. Sur cette dernière chaîne, dans un but d'édification sociale, est d'ailleurs diffusée la pièce GERMINAL d'après l'œuvre d'Emile ZOLA.

Le dimanche 16 mai, pour célébrer le Bicentenaire de la déclaration d'indépendance des Etats-Unis, TF1 propose, à partir de 17h00, une soirée américaine, jusqu'aux alentours de 2 heures du matin, avec notamment SESAME STREET, le téléfilm LA BARBE A PAPA avec Jodie FOSTER, la série LA POURSUITE INFERNALE avec David JANSSEN, un journal télévisé « à l'américaine «, le SHOW TOM JONES, la série SECTION 4 et les films BUFFALO BILL (1944) de William WELLMAN avec Joel McCREA, Anthony QUINN et Maureen O'HARA diffusé à 20h30 et LA MAISON DES SEPT PECHES (1940) de Tay GARNETT, avec John WAYNE et Marlène DIETRICH diffusé à 0h15.

JUIN

Le chirurgien de Saint-Chad

Feuilleton de 4 épisodes de 60 minutes

Diffusion : le vendredi à 20h30 sur ANTENNE 2, à partir du vendredi 4 juin 1976

Adaptation et dialogues de Rodolphe-Marie ARLAUD

D'après les romans de Teresa CHARLES

Réalisation de Paul SIEGRIST

Musique de Jean-Luc DRION

Chanson du générique, " On n'aura pas toujours le temps ", interprétée par Jean-Claude PASCAL sur des paroles de Bernard DIMEY

Distribution :

Aude LORING (Jacqueline Régnier)

Jean-Claude PASCAL (Patrick Villaresi)

Françoise CHRISTOPHE (Ursula Martin)

Jean CLAUDIO (Valentin Villaresi)

Jacques DUMESNIL (Will Villaresi)

Charles APOTHELOZ (Vergnaz)

Séverine BUJARD (Rose-Marie)

Alain CHEVALLIER (Christophe)

Maulde COUTAU (Kate Lassen)

Jeanne FERREUX (la crémière)

Eliane GRANET (Fine)

Gregory BATARDON (Gregory)

William JACQUES (Manuden)

Harriett KRAATZ (Barbara)

Jacqueline MARTIN (l'anesthésiste)
Liliane MATTANA la cliente)
Janine MICHEL (l'infirmière de Will)
Claude PARA (le client)
Thérèse LIOTARD (Evelyne)
Gilbert CHARRON (le diplomate)
Marcel VIDAL (le docteur Régnier)
Et la collaboration de la clinique de GENOLIER

Thème : Jacqueline Régnier, jeune infirmière à la clinique Sant-Chad, est désignée par Ursula, l'infirmière en chef pour devenir l'assistante du chirurgien Patrick Villarési revenu d'un long séjour aux Amériques. Entre eux, les premiers contacts sont difficiles avant que la jeune femme soit peu à peu séduite par le chirurgien. Mais l'infirmière en chef qui est en quelque sorte la demi-sœur du chirurgien tout en étant éprise de lui, veille. Elle va tout faire pour écarter sa rivale...

Commentaires : inspiré des romans de la série SAINT-CHAD de Theresa CHARLES (en réalité le couple britannique Orène Maude SWATRIDGE et Charles John SWATRIDGE), ce mélodrame médical, qui rappelle parfois le célèbre feuilleton JANIQUE AIMEE, le vélosolex en moins, a marqué durablement les téléspectateurs grâce à la qualité de l'interprétation. Après LE TEMPS DE VIVRE, LE TEMPS D'AIMER, Jean-Claude PASCAL joue admirablement les beaux Ténébreux, Françoise CHRISTOPHE est parfaite dans le rôle de la méchante (infirmière) de service, cruelle et tyrannique et Aude LORING incarne à merveille la jeune fille timide mais qui ne s'en laisse pas compter. Dans le genre, c'est plutôt une réussite d'autant que certaines scènes, notamment les scènes d'opération, installent un climat d'étrangeté, en ces moments critiques où se joue la vie du patient tandis que, devant les corps ouverts, s'affrontent les trois protagonistes principaux, le chirurgien, l'infirmière en chef et la jeune infirmière, partagés entre leur devoir et leurs passions. Sous la lame de scalpel, Eros et Thanatos, toujours.

Quelques années plus tard le même réalisateur sera aux commandes d'un autre feuilleton médical DOCTEUR ERIKA WERNER avec Leslie CARON.

Pour l'anecdote, l'hôpital Saint-Chad est en réalité la clinique de GENOLIER, établissement privé bien connu en Suisse.

Le feuilleton est notamment disponible chez KOBA FILMS dans la collection MEMOIRE DE LA TELEVISION. Les épisodes sont aussi disponibles sur le site de l'INA (www.ina.fr)

Mille ans de civilisation maya

Série de 3 émissions de 60 minutes

Diffusion : une fois par mois, le mardi à 20h30 sur TF1, à partir du mardi 15 juin 1976

Emission de Jacques SOUSTELLE et Georgette ELGEY

Commentaires de Jacques SOUSTELLE

Réalisation de Marcel BOUDOU

Première émission : le grande époque classique (diffusion le 15/06)

Deuxième émission : La floraison Puuc du Yucatan (diffusion le 06/07)

Troisième émission : La Renaissance Maya-Toltèque (diffusion le 20/07)

Commentaires : ces trois émissions proposées par Jacques SOUSTELLE se veulent une introduction à la civilisation maya, la plus importante de l'Amérique colombienne et qui a dominé l'Amérique centrale pendant près de mille ans.

Une large place est donnée aux énigmes qui entourent les Mayas : leur fameux calendrier d'une extraordinaire précision, l'importance des sacrifices humains, et cette extraordinaire poésie noire que dégage cette civilisation. Comment ne pas frissonner devant cette crypte du temple des Inscriptions de Palenque où les neuf seigneurs de la nuit veillent la dépouille d'un homme mystérieux au masque de jade et d'obsidienne ? Comment ne pas frémir devant la représentation de ces Dieux de Tulum, la tête en bas, pour mieux signifier le coucher du soleil sur la civilisation humaine ? Comment ne pas être terrifié par le Chac Mool, l'esprit de l'eau, sur le ventre duquel les Mayas venaient déposer les cœurs des victimes sacrifiées ?

Jacques SOUSTELLE a connu une carrière politique assez sulfureuse qui le vit passer de défenseur du Gaullisme à son plus acharné détracteur (à cause des évènements d'Algérie). Mais c'est aussi un des spécialistes mondialement reconnus des civilisations de l'Amérique latine, auteur notamment de LA VIE QUOTIDIENNE CHEZ LES AZTEQUES et de L'ART DU MEXIQUE ANCIEN.

Georges ELGEY est une journaliste, écrivain et historienne. Elle est spécialiste du régime de Vichy et de la Quatrième république.

Savine

Téléfilm de 95 minutes
Diffusion : mercredi 16 juin 1976 à 20h30 sur TF1
Texte de Jean CHATENET
Réalisation de Gérard VERGEZ
Distribution :
Robert RIMBAUD (Savine)
Thierry BOURBON (Savine jeune)
Patrick RAYNAL (Vernet)
Philippe LAUDENBACH (Boissy d'Anglas)
Henri MARTEAU (Gleizal)
Jacques LALANDE (Charpit)
André CHAUMEAU (le curé)
Marc CHPILL (le jeune vicaire)
Henri CREMIEUX (Champannet)
Philippe CHEMIN (Antoine)
Annick ALANE (la servante)
Van DOUDE (le marquis de Savine)
Vincent HURY (le directeur de l'hospice)
Louise CONTINE (la mère de Savine)
Et
François-Régis MARCHANSSON
Michel TONDEUR
Patrick COLLIN
Laurent ROCHARD
Philippe DELEVIGNE
Jean GALTAT

Daniel LEDUC

Viviane NEUILLE

Et

La participation du groupe folklorique EMPI et RIAUME

Thème : évêque révolutionnaire de l'Ardèche, un des 4 évêques à prêter serment à la Constitution civile du clergé au cours de la Révolution, Monseigneur de Savine fit peindre son église en tricolore et devint une sorte d'évêque sans culotte, autorisant par exemple la viande les jours de carême et le travail le dimanche. Mais, devant les persécutions que subissent les prêtres réfractaires sous la Terreur, il va se rapprocher peu à peu des partisans de la monarchie constitutionnelle. Son attitude le conduit en prison où, grâce au soutien de sa famille, il échappe de peu à la peine de mort mais est interné à Charenton.

Commentaires : à contre-courant des idées reçues, ce téléfilm austère est avant tout une leçon d'histoire. Robert RIMBAUD s'est beaucoup investi dans ce personnage, pétri de contradictions et parfois proche de la folie tandis que la réalisation de Gérard VERGEZ participe du climat oppressant que dégage le téléfilm.

Le cheval évanoui

Téléfilm de 90 minutes
Diffusion : le samedi 19 juin 1976 à 21h35 sur ANTENNE 2
D'après la pièce de Françoise SAGAN
Réalisation d'Alain DHENAUT
Diffusion :
Jacques FRANCOIS (Henry James Chesterfield)
Caroline CELLIER (Coralie Vernet)
Hélène DUC (Felicity Chesterfield)
Tonie MARSHALL (Priscilla Chesterfield)
Bernard LE COQ (Bertram Chesterfield)
Yves RENIER (Hubert Darsay)
Mike MARSHALL (Humphrey Darton)
Léo PELTIER (Soames)
Thème : en Angleterre, un évènement inattendu perturbe la vie d'une famille d'aristocrates qui menait jusqu'alors une existence monotone. Un chasseur de dot veut en effet épouser la fille de la famille tout en faisant passer sa maîtresse pour sa sœur.

Commentaires : cette adaptation de la pièce de Françoise SAGAN qui fut représentée en 1966 au théâtre du Gymnase, est intéressante grâce à la qualité de ses interprètes, notamment Jacques FRANCOIS pour qui le rôle semble avoir été écrit. Caroline CELLIER apporte beaucoup de fraîcheur à son personnage, mais Yves RENIER semble un peu absent. Peut-être pense-t-il à ce COMMISSAIRE MOULIN dont il vient de finir de tourner les premiers épisodes qui, diffusés dans quelques semaines, vont lui assurer la gloire (télévisuelle).

Tour de France 76

Le Tour de France 1976 qui s'est déroulé du 24 juin au 18 juillet, voit la victoire surprise du petit grimpeur belge Lucien VAN IMPE, dirigé il est vrai par le maître tacticien Cyrille GUIMARD, devant le Néerlandais Joop ZOETEMELK qui finit 2ième et Raymond POULIDOR qui est 3ième et meilleur Français pour son dernier Tour de France (il aura participé au total à 14 tours !). En l'absence d'Eddy MERCKX, forfait, la victoire semblait promise au dernier vainqueur, Bernard THEVENET, mais celui-ci, malade, a dû abandonner à quelques jours de l'arrivée. De son côté le belge Freddy MAERTENS gagne 8 étapes et remporte le maillot vert tandis que le meilleur grimpeur est Giancarlo BELLINI.

A la télévision, TF1 et ANTENNE 2 se partagent les retransmissions des étapes en alternance. La réalisation est assurée pour les 2 chaînes par Gilbert LARRIAGA. Sur TF1, les commentaires sont assurés par Daniel PAUTRAT, Bernard GIROUX et Léon ZITRONE, sur ANTENNE 2 par Robert CHAPATTE et Jean-Michel LEULLIOT. L'étape du jour est suivie de l'émission FACE AU TOUR, avec la participation de Félix LEVITAN, le directeur du Tour, ainsi que des coureurs. L'arrivée sur les Champs-Elysées est diffusée en direct sur TF1 le dimanche 18 juillet à 14h50.

Outre les retransmissions en direct des étapes, TF1 propose à 19h45 un résumé filmé de l'étape du jour.

En dehors des journaux télévisés, FR3 fait l'impasse sur le Tour.

Jean Vilar

Emission de Jacques RUTMAN
Diffusion : mercredi 30 juin 1976 à 20h30 sur TF1
Textes lus par Michel BOUQUET
Musique de Maurice JARRE
Avec la participation de :
Maria CASARES
Jean-Pierre DARRAS
Daniel IVERNEL
Georges CERET
Christiane MINAZZOLI
Philippe NOIRET
Jean-Louis TRINTIGNANT
Dominique VILAR, fille de Jean VILAR
Maurice BEJART
Pierre BOULEZ
Maurice JARRE
Maurice CLAVEL, écrivain
Maurice CAZNEUVE, directeur de FR3
Agnès VARDA
Jean NEGRONI
Andrée VILAR, femme de Jean VILAR
Georges WILSON

Et

André MALRAUX

Extraits des pièces :

-Antigone (Avignon, 1960)

- Le Prince de Hambourg (Avignon, 1954), avec Gérard PHILIPPE

- Macbeth (Avignon, 1954), avec Maria CASARES

Commentaires : cette émission est consacrée à Jean VILAR, mort le 28 mai 1971, qui fut le fondateur du festival d'Avignon en 1947 et fut nommé en 1951 directeur du Théâtre national populaire (TNP). Mystique en col roulé, baigné par le mystère, sombre et secret, peut-être à cause de ses ascendances cathares, à la fois aristocratique et plébéien, Jean VILAR poussait ses acteurs jusqu'aux limites de leurs forces. On se souvient de Gérard PHILIPPE, ivre de fatigue, tombant du plateau au théâtre d'Avignon, la jambe pratiquement brisée et jouant le Cid, le lendemain, assis sur une chaise, mais arrachant un triomphe.

L'émission comprend de nombreux témoignages, des lectures de textes dont Jean VILAR est l'auteur ainsi que des extraits filmés de ses spectacles.

Brèves de Juin

Ce mercredi 9 juin, à 20h30, sur TF1, la comédie LARGUEZ LES AMARRES de Michel ANDRE, réalisation de Roger DALLIER réunit une belle brochette de comédiens : Jacques JOUHANNEAU, Alice SAPRITCH, Michel DUCHEZEAU et Agathe NATHANSON. Sérieux s'abstenir.

Toujours le 9 juin, mais cette fois sur ANTENNE 2, première du nouveau journal télévisé de 20h. Trois présentateurs : Guy THOMAS, Hélène VIDA et Paul LEFEVRE. La mise en œuvre de la nouvelle formule a été confiée à Jean-Marie CAVADA, rédacteur en chef. Hélène VIDA est donc la première femme à présenter le journal du soir en France. Elle fait preuve rapidement d'un grand professionnalisme, ce qui fait taire les détracteurs.

JUILLET

Nick Verlaine

Feuilleton de 6 épisodes de 60 minutes

Première diffusion : sur TF1, le jeudi à 20h30, à partir du 8 juillet 1976

Réalisation de Claude BOISSOL

Scénario de Pol QUENTIN, d'après les nouvelles d'Edward D. HOCH

Adaptation et dialogues de François BOYER

Musique de Mort SHUMAN

Distribution :

Philippe NICAUD

Anna PRUCNAL (Hélène)

Maurice BIRAUD (Prosper)

Liste des épisodes :

1- « Nick Verlaine prend la route », avec Jean ROUGERIE (l'inspecteur Poilvert), Virginie VIGNON (Sylvette), Arch TAYLOR (le Suédois), Patrick CLEMENT (le reporter), Jeanne HARDEYN (la dame hongroise), Raymond de BAECKER (le colonel), Claude BROVELLI (le présentateur TV)

   Thème : Nick VERLAINE décide de voler l'autoroute qui longe sa maison et gêne son épouse dans ses vocalises.

2- « Soyez bons pour les animaux », avec André WEBER (Berutti), Jean ROUGERIE (l'inspecteur Poilvert), Georges

BEAUVILLIERS (Jo), Virginie VIGNON (Sylvette), Achille ZAVATTA (Hagenfield)

3- « La fille de l'air », avec Sandra MONTAIGU (Sirius), Carlo NELL (le chef infirmier), Paul BISCIGLIA (le commissaire), Claude BROVELLI (le présentateur TV), Jean-Michel FARCY, François GUEDO.

Thème : Nick Verlaine rencontre une jolie extra-terrestre qui fait de l'auto-stop au bord de la route. Il vole à son secours, mais cette étrange visiteuse est-elle bien ce qu'elle prétend ?

4- « Dans l'eau d'une piscine », avec Jean ROUGERIE (l'inspecteur Poilvert), Michèle SAND (Sylvie), Mony DALMES (Lydie Babcock), Alain ADAIR (Melville), François CADET.

Thème : l'inspecteur Poilvert monte un stratagème pour mettre Nick VERLAINE hors d'état de nuire.

5- « Le monstre », avec Edward MEEKS (Swift), Georges ATLAS (Tremolat), Billy KEARNS (Crowder), Maryse MARTIN (Mme Aubrac), Jean-Marie BON (le docteur), André DUMAS, Jean CLAUDIO, Jean RUPERT et Michel TUGOT.

Thème : le monstre du Loch Ness aurait déserté l'Ecosse pour les lacs d'Auvergne. Les hôteliers écossais demandent à Nick VERLAINE d'intervenir.

6- « Histoire d'eau". Cet épisode dans lequel Nick VERLAINE volait la Garonne n'a, à notre connaissance, jamais été diffusé.

Thème général : Nick VERLAINE est un voleur qui travaille plus pour réaliser des coups impossibles que pour le profit. On le voit tour à tour voler la Garonne (pour climatiser une région désertique d'Espagne), une autoroute, un wagon-lit, une cassette qui se trouve dans la cage d'un tigre, le monstre du Loch Ness et bien sûr la Tour Eiffel.

Commentaires : Philippe NICAUD qui avait connu le succès dans les années 60 avec les enquêtes de L'INSPECTEUR LECLERC joue ici le rôle d'une sorte d'ARSENE LUPIN mais dont les aventures sont plus loufoques que sérieuses, et qui s'inspire en réalité d'un héros de feuilleton américain Nick VELVET. La mise en scène de Claude BOISSOL est efficace. A noter l'épatant thème musical dû à Mort SHUMAN.

Le feuilleton est disponible sur le site de l'INA (www.ina.fr).

Le Trois de cœur

Feuilleton de 25 épisodes de 15 minutes

Diffusion : du lundi au samedi à 19h45 sur TF1, à partir du lundi 19 juillet 1976

Sur une idée de Jean JABELY

Scénario et dialogues de Jean-Pierre RICHARD, Jean SCHMITT et Richard CARON (selon les épisodes)

Réalisation de Michel PICARD, Alain PERISSON, Jean-Pierre RICHARD et Roger ANDRIEUX (selon les épisodes)

Musique de François de ROUBAIX

Distribution :

Robert PARTY (Yvon Lemark)

Jean JABELY (Louis)

Anne AOR (Claude)

Hedwige THABULA (Michèle)

Marpessa DJIAN (Dominique)

Georges BELLER (Paul)

Claire MAURIER (la baronne des Couronnes)

FRANCINI (Armand)

Suzanne DESTRA (Annette)

Jean BRUNEL (Oncle Paul)

Odette DUC (Tante Thérèse)

Jacqueline FONTAINE (Mathilde)

Claude LEGROS (le frère de Mathilde)

Catherine COUSSOT (la belle-sœur de Mathilde)

Henri LABUSSIERE (le notaire)

Billy KEARNS (l'américain)
Roger RIFFARD (le pêcheur)
François ROSIRA (Justin)
Patrick MORIN (Mister Steen)
Henri POIRIER (le père blanc)
Ginette NADIR (Marta)

Thème : le navigateur Yvon Lemark a disparu aux Antilles. Son bateau, le " Trois de cœur " est retrouvé abandonné. Sa famille attend impatiemment l'héritage mais, à la lecture du testament, c'est la douche froide : le navigateur avoue avoir eu trois filles, Claude, Dominique et Michèle, à qui il lègue son bateau. Les trois femmes se retrouvent et, avec l'aide de Louis, l'ami de leur père, décident de partir sur le bateau pour un tour du monde. Elles vont connaître de multiples aventures et notamment être arraisonnées par des trafiquants. Un personnage mystérieux, la baronne des Couronnes, va aussi s'intéresser au bateau.

Commentaires : ce feuilleton est presque une autobiographie du réalisateur Jean JABELY à qui on doit notamment trois œuvres de blondes : UNE BLONDE COMME CA (1962), PIEGE BLOND (1970) et LES GAULOISES BLONDES (1988). Il s'est taillé ici un rôle sur-mesure dans ces aventures estivales, mélange de Jules VERNE et de TINTIN, qui s'étirent un peu paresseusement, malgré le nombre important de scénaristes et de réalisateurs.

Jeux olympiques de Montréal 1976

Les Jeux olympiques d'été de 1976 ont lieu à Montréal du 17 juillet au 1er août. Ils ont été marqués par le triomphe dans les épreuves de gymnastique de la roumaine Nadia COMANECI, première athlète à obtenir la note de 10 dans sa discipline, qui remporte 5 médailles, dont 3 en or. Au bilan des médailles, l'URSS remporte la compétition devant l'Allemagne de l'Est 2ème et les Etats-Unis 3ème.

De son côté la France remporte 9 médailles, deux en or avec Guy DRUT au 110m haies, et une médaille en saut d'obstacle par équipe (avec notamment Marcel ROZIER). Le cycliste Daniel MORELON, le fleuret par équipes femme et l'haltérophile Daniel SENET s'octroient une médaille d'argent. Le fleuret par équipes femme, Henri BOERIO à la barre fixe et le judoka Patrick VIAL remportent le bronze.

A la télévision, sur TF1, la cérémonie d'ouverture est diffusée le samedi 17 juillet à 20h55, en direct de Montréal, sur des commentaires de Georges de CAUNES et Robert SESE.

Les autres épreuves se partagent entre TF1 et ANTENNE 2 qui ont réussi, autant que possible, à éviter les doublons. Du fait du décalage horaire, les épreuves sont diffusées en différé dans la journée, avec des directs à partir de 22h ou 22h30, parfois jusqu'à 2 heures du matin.

Sur TF1, les commentaires sont assurés par Christian QUIDET, Pierre FULLA, Pierre CANGIONI, Alain ESCOUBE, Jean RAYNAL, George DOMINIQUE et Léon ZITRONE.

Sur ANTENNE 2, les commentaires sont assurés par Robert CHAPATTE, Thierry ROLAND, Jean-Michel LEULLIOT, Jean MARQUET, Jacques SEGUI et Gérard MERIGAUD.

Un résumé des faits du jour est proposé sur ANTENNE 2 de 19h45 à 20H00.

.

Brèves de Juillet

Ce jeudi 1er juillet, à 20h30, ANTENNE 2 fait concurrence à AU THEATRE CE SOIR et retransmet la pièce de Jean GIRAUDOUX, LA FOLLE DE CHAILLOT, avec dans le rôle titre l'époustouflante Edwige FEUILLERE, bien entourée de Claude GENSAC, Jacques LALANDE, Jacques ALRIC, Maurice CHEVIT, Patrick RAYNAL, Catherine HUBEAU et Daniel AUTEUIL notamment. Mise en scène pour la télévision de Gérard VERGEZ.

L'Italie devra attendre le mois d'août pour passer à la couleur. L'opposition prétendait en effet que le gouvernement en aurait tiré trop de bénéfices avant les élections.

Hervé SAND est décédé ce 4 juillet, à l'âge de 39 ans des suites d'un cancer. Pensionnaire de la Comédie-Française, il avait marqué les téléspectateurs dans LA PRINCESSE DU RAIL, les dramatiques LES TEMPLIERS et LES CATHARES de la série LA CAMERA EXPLORE LE TEMPS, JACQUOU LE CROQUANT, MAIGRET ET LA JEUNE MORTE et surtout CHERI-BIBI où il livrait une composition extraordinaire.

AOUT

Bonjour Paris

Feuilleton de 30 épisodes de 15 minutes

Diffusion : du lundi au vendredi, à 19h45, sur ANTENNE 2, à partir du lundi 2 août 1976

Adaptation de Claude CHOUBLIER

Réalisation de Joseph DRIMAL

Distribution :

Frank DAVID (Gilles Lalande)

Paul LE PERSON (Lucien Lalande)

Patrick RAYNAL (Guy)

Daniel GELIN (M. Cottery)

Françoise BRION (Sophie)

Michel AUCLAIR (M. Filnois)

Christine DEJOUX (Françoise)

Corinne O'BRIEN (Marilou)

Evelyne DRESS (Garlonne)

Paula MOORE (Hetty)

Xavier GELIN (Christophe)

Daniel DERVAL (Jacky Boum la caisse)

Marc DUDICOURT (M. Poncin)

Marcel DALIO (l'ambassadeur)

Thème : un jeune orphelin de 18 ans découvre Paris. Il va connaître de nombreuses mésaventures. Dès son arrivée dans la capitale, un beau parleur le déleste de son portefeuille. Il trouve plusieurs emplois mais les perd, et il tombe amoureux d'une jeune fille qui le considère comme son frère. Il va trouver une gentille fiancée qui va le surprendre avec sa meilleure amie. Enfin il va rencontrer une sorte de protecteur qui va se révéler être un escroc.

Commentaires : ce feuilleton picaresque et moderne de Claude CHOUBLIER et Joseph DRIMAL, à qui on doit notamment le feuilleton, VIVE LA VIE, tourné en douze semaines n'a pas véritablement marqué les esprits, malgré une belle distribution. Ecrit au fil de la plume, le feuilleton s'étire interminablement, l'inconstance des dialogues étant à l'unisson. Certains critiques se sont même demandé s'il s'agissait du feuilleton le plus faible jamais produit par la télévision française. Le débat est ouvert... Reste l'intérêt de revoir un Paris alors en pleine mutation, du Trou des Halles au Parvis de la Défense.

Les douze légionnaires

Feuilleton de 13 épisodes de 30 minutes
Diffusion : du lundi au vendredi à 17h15 sur ANTENNE 2, à partir du lundi 2 août 1976
Adaptation de Paul BONNECARRERE
Réalisation de Bernard BORDERIE
Musique de Kacek AREL
Distribution :
Yves VINCENT (le colonel Vigne)
Pierre LONDICHE (le commandant Janvier)
Jacques BONNECARRERE (Hubert Ganier)
Liste des épisodes :
1- (Italie) Le sergent-chef Renato Moretti, avec Henri CZARNIAK (Renato Moretti), Francis ROURE (le capitaine Coste), Philippe PAULINO (Moretti enfant), André BATISSE (Giani) et Nathalie DRIVERT (Alida).
2- (Allemagne) L'adjudant Hans Castorp, avec Daniel PERCHE (Hans Castorp), Yves-Marie MAURIN (Castorp keune), Alain TISSIER (Milan) et Daniel CROHEN (le colonel Kosc).
3- (Indochine 1967) Adjudant Zuilen, avec Philippe LEMAIRE (Zuilen), Pierre HATET (Tramoni) et Roger DUMAS (Falco)
4- (Delta du Tonkin) Adjudant Pierre Duffel, avec Maurice BIRAUD (Duffel), Jean CLAUDIO (le capitaine Ellul), Claude DUJET (Kovac), Henri

CAMBERT (Weber), René HAVARD (Caporal Denis) et Bernard MUSSON (Adjudant Domarchi)

5- (Nam Dinh) Le sergent-chef Ky Vanost, avec Michel FORTIN (Vanost), Dominique Le HUU (Vanost enfant), SYLVAIN (Muller) et Alain HITIER (lieutenant Boretti)

6- (Cao Bang, Indochine) Sergent-chef Kloff et Steiner, avec Nicolas VOGEL (Kloff) et James MITCHELL (Steiner)

7- (Algérie) le sergent-chef Hans Muller, avec Antoine SAINT-JOHN (le sergent Muller) et Denis LEGUILLOU (Ducreux)

8- (Ouarsenis) Le sergent-chef Jacques Larue, avec Bernard TIPHAINE (Jacques Larue)

9- (Sahara) le sergent-chef Sevek, avec André WEBER (Sevek)

10- (Calvi) Caporal-chef Pryde, avec Demir KARAHAN (Pryde), Christine FABREGA (Renée) et Mireille AUDIBERT (Wanda)

11- Le lieutenant, avec François DUNOYER (le lieutenant Charrier) (dans cet épisode, le lieutenant, chef du commando, réunit les légionnaires et tente d'en faire une seule et même équipe)

12- Le commando final.

13-L'attaque

Thème : douze légionnaires sont sélectionnés pour former un commando : ils doivent anéantir une bande de mercenaires ayant saboté un barrage dans une république d'Afrique noire.

Commentaires : tiré d'un roman de Paul BONNECARRIERE, ce feuilleton est un curieux mélange des SEPT MERCENAIRES et des DOUZE SALOPARDS. Il est construit sur un canevas particulier : les 11 premiers épisodes présentent chacun un (ou parfois deux) légionnaire(s) tandis que les 2 derniers épisodes décrivent la mission proprement dite.

Exaltant le passé colonial de la France (Algérie, Indochine) et l'héroïsme de ses soldats, le feuilleton aurait pu faire grincer quelques dents mais sa diffusion en journée pendant l'été 76 fit qu'il passât relativement inaperçu. Doit-on préciser qu'à l'exception de l'épisode situé à Calvi, les femmes sont quasiment absentes de la série ?

Le feuilleton est disponible sur le site de l'INA (www.ina.fr).

Commissaire Moulin – Saison 1

Série de 4 épisodes de 90 minutes

(En réalité on pourrait considérer que la 1ère série comporte 19 épisodes diffusés de 1976 à 1982)

Diffusion : le mercredi à 20h30 sur TF1, à partir du mercredi 4 août 1976

Série produite par Claude BOISSOL

Distribution :

Yves RENIER (le commissaire Jean-Paul Moulin)

Guy MONTAGNE (Guyomard)

Catherine MORIN (Jocelyne)

Jean-Luc MOREAU (Alex)

Musique originale de François de ROUBAIX

Liste des épisodes :

1- Ricochets (04/08), scénario, adaptation et dialogues de Paul ANDREOTA, réalisation d'Alain DHENAULT, avec Jean-Claude DAUPHIN (Bernard Deffoux), Nelly BENEDETTI (Colette), Jacques BERTHIER (Jardel), Jean-Pierre KERLEN (Rocart), Jean AMOS (Javal), Serge VINCENT (Camoin), Gérard DARRIEU (Vergue), Henri LABUSSIERE (le voisin), Liliane GAUDET (Marthe), Anne LONNBERG (wincke), Pier COUSIN (Mme Guyomard), Jean RUPERT (le coiffeur), Raoul CURET (Mouchotte), Michel DUPLAIX (Voiron), Edmond BEAUCHAMP (le colonel), Jeanne HERVALE (Ragotte, la bonne du colonel), Sophie BARJAC

(Joelle), Max AMYL (le juge), Patrick GORDINE, Jeanne HARDEYN, Thérèse LIOTARD (Evelyne) et Guy MARLY.

Thème : le commissaire Moulin enquête dans une importante maison de couture dont le directeur vient d'être assassiné dans son bureau. La principale collaboratrice accuse un jeune homme qui est aussitôt arrêté. Mais le commissaire va découvrir, au cours de son enquête, toute une série de conflits et de rivalités à l'intérieur de la maison de couture.

2- La surprise du chef (11/08), scénario, adaptation et dialogues de Jean CHATENET, réalisation de Jacques TREBOUTA, avec Michel BEAUNE (Grégoire), Marcel CUVELIER (Lesperit), Raymond ACQUAVIVA (François), Jacky PRATOUSSY (Louis), Clément HARARI (Taupin), Jacques RISPAL (Pinocchio), Gabriel JABBOUR (commissaire Martinelli), Dominique SANTARELLI (Dimitri Palomides), Catherine MENETRIER (Anne), Odette PIQUET, Thérèse QUENTIN, François MERLET, Frederic SANTAYA, Raoul DELFOSSE, Jean AMOS et Michel LEJEUNE.

Thème : un restaurant de Montmartre est plastiqué pour avoir refusé un rackett. Le commissaire Moulin découvre rapidement le véritable coupable, mais il va lui être difficile d'inculper ce truand habile et retors.

3- La peur des autres (18/08), scénario de Béatrice RUBINSTEIN et Jeanine RAYLAMBERT, dialogues de Jeanine RAYLAMBERT, réalisation d'Alain DHENAUT, avec Pierre VERNIER (Jacques Frémont), Pierre HENTZ (le père), Jeannick BEGUIN (la mère), Jean AMOS (l'inspecteur Bertrand), MIchel DENISOT (le présentateur), Maia SIMON (Monique Frémont), Jacques ANDRIOT (Fernando), Guy DIERS (le serveur), Gérard BUHR (le commissaire Lemarchand), Jean-Pierre CASTALDI (l'inspecteur Micolo), Louis

MERCHO (l'inspecteur Dieudonné), Jeanne HERVIALE (Germaine Pascal), Bernard SALVAGE (Brassac), Frédéric REVEREND (Yvon Roland), Christian PARISY (Pelletier), Suzanne d'ESTRA (la troisième femme), François MERLET (l'avocat), Max AMYL (le juge d'instruction), Roseline VILLAUME (Juliette Fleury), Jacques GALLAND (Gaston Fleury), Evelyne LECERC (la présentatrice), Gérard PROBST, Laurent MOCLARD et Michèle VENARD (la cliente).

Thème : une amie fait part au commissaire Moulin du cas de Martine Frémont qui semble vivre dans un état de terreur permanente. Moulin accepte de la rencontrer et se demande si elle ne souffre pas de troubles psychologiques. Quelques jours plus tard, elle est retrouvée assassinée à Paris, près du bois de Vincennes.

4- Choc en retour (25/08), scénario, adaptation et dialogues de Paul ANDREOTA, réalisation de Jacques TREBOUTA, avec Paul CRAUCHET (Cassius), Eva SWANN (Marianne Floquet), Martine REDON (Mylena), Sady REBBOT (Moah), Jean-François REMI (Malloret), Madeleine CHEMINNAT (Marta), Raymond de BAECKER (Castex), Tom CLARK (David), Jean-Pierre KERLEN, Muriel HUSTER (France), Jean AMOS (Bertrand), Yves WECKER, Claude MERLIN, Marie-Christine ADAM, Jacques ANDRIOT et Georges VASSEUR.

Thème : un entrepreneur qui était adepte d'une secte mystérieuse a été tué par l'éboulement d'une voûte dans une chapelle. Le commissaire Moulin va devoir mener l'enquête au sein de la secte, dirigée par le grand prêtre Cassius et être confronté à des évènements étranges.

5- L'Evadé (27/10), scénario et dialogues de Paul ANDREOTA, réalisation de Jean KERCHBRON, avec Jean FRANVAL (Jo Brun), Christine MELCER

(Valérie), Roger MUNU (le directeur de la prison), et Raymond MALFRAY (le motard).

Thème : un ancien caïd de la Pègre s'évade de prison et cherche à retrouver son fils. Il veut aussi prouver son innocence.

Commentaires : pour la plupart des téléspectateurs habitués à la lenteur bonhomme du commissaire MAIGRET, ce feuilleton est un choc. L'enquêteur est un jeune homme moderne au langage d'aujourd'hui, quoique portant dans ses quatre premiers épisodes des costumes et des cravates assez improbables, et l'action est plus proche des séries policières américaines que des CINQ DERNIERES MINUTES. D'où le succès quasi immédiat du feuilleton qui allait connaître de nombreux épisodes (près de 70 au total). C'est Yves RENIER qui incarne ce jeune commissaire. Bien connu des téléspectateurs depuis ses rôles dans LES GLOBE-TROTTERS avec Edward MEEKS et surtout BELPHEGOR, il apporte beaucoup d'authenticité à son personnage qu'il tentera de faire évoluer vers un genre jean et basket au fil des épisodes.

Il est à noter que les épisodes sont tournés en dramatique vidéo : les extérieurs en technique film et les intérieurs en vidéo, ce qui nuit parfois à la cohérence de l'ensemble.

Les épisodes sont disponibles sur le site de l'INA (www.ina.fr).

Le village englouti

Feuilleton de 30 épisodes de 15 minutes

Diffusion : du lundi au samedi, à 19h50, sur TF1, à partir du mercredi 18 août 1976

Adaptation de R. M. ARLAUD

Dialogues d'Alain QUERCY

D'après le roman d'André BESSON

Réalisation de Louis GROSPIERRE

Musique de Paul GIRARD

Distribution :

Régis OUTIN (Francis Capron)

Stéphane EXCOFFIER (Suzanne)

Jacques DUMESNIL (Delamoniaz)

Camille FOURNIER (Mme Delamoniaz)

Jean BRUNO (Borgeaud)

Yves BARSACQ (Tatave)

Georges WOD (Pierre)

Daniel FILLON (Sento)

Jean VALMONT (Jean-Michel)

Alain CHEVALLIER (Marcel)

Thème : suite à la construction d'un barrage, Chanois, petit village de montagne, est menacé de disparition. Menés par le berger Capron, les habitants vont tenter de réagir.

Commentaires : basé sur des faits réels, ce feuilleton montre les ravages d'une logique purement économique, oublieuse de l'humain et ses conséquences désastreuses : déracinement, perte des habitudes, des souvenirs et du goût de vivre.

Les jours heureux

Feuilleton américain de 14 épisodes de 15 minutes (la série complète en compte plus de 200)

Diffusion : le dimanche à 18h45 sur TF1, à partir du dimanche 22 août 1976

Générique BILL HALEY AND HIS COMETS, "Rock around the clock"

Distribution :

Ron HOWARD (Richie Cunningham)

Henry WINKLER (Fonzie)

Tom BOSLEY (Howard Cunningham)

Marion ROSS (Marion Cunningham)

Erin MORAN (Joanie Cunningham)

Anson WILLIAMS (Potsie)

Donny MOST (Ralph Malph)

Al MOLINARO (Alfred Delvecchio)

Pat MORITA (Arnold)

Thème : la vie d'une famille de la classe moyenne américaine avec un père épicier, plutôt débonnaire, une mère au foyer qui ne délaisse que rarement son joli tablier, un grand fils un peu dadais encore à l'université, très travaillé par sa puberté et une peste de petite soeur en socquettes blanches. On y ajoute les copains, assez nunuches, et un rocker garagiste au grand cœur aux faux airs de blouson noir dont on s'aperçoit, au fil des épisodes, qu'il est en réalité le vrai héros du feuilleton.

Commentaires : diffusés aux Etats-Unis à partir de 1974 et en France deux ans plus tard, LES JOURS

HEUREUX, ou HAPPY DAYS, c'est l'Amérique des années 50 et du début des années 60, mais une Amérique fantasmée, une Amérique blanche qui ne connaît pas les problèmes raciaux, où les Noirs font de la figuration, où la femme tient bien sa place au foyer et où le Maccarthysme n'existe pas. Une Amérique de pure fiction qui rassure l'Amérique des années 70 confrontée aux émeutes raciales, au phénomène Hippie et aux séquelles de la guerre du Vietnam.

.

Brèves d'Août

TF1 consacre sa soirée du mardi 3 août à la grande chanteuse DAMIA, âgée de 86 ans. Participent aussi à l'émission : Colette RENARD, Cora VAUCAIRE, Paul MEURISSE et Tino ROSSI. Extraits des films TU M'OUBLIERAS d'Henri DIAMANT-ROGER et LA TETE D'UN HOMME de Julien DUVIVIER. Une émission d'André BLANC, réalisation de Denis DERRIEN.

A partir du mercredi 18 août, diffusion toujours sur TF1 à 13h35 ou 14h00, selon les jours, du feuilleton de prestige de la BBC, LES SIX FEMMES d'HENRY VIII, avec Keith MITCHELL dans le rôle d'HENRY VIII. Chacun des 6 épisodes est consacré à une épouse. L'heure de diffusion, en début d'après-midi, peut surprendre eu égard à la violence de certains épisodes. A se demander si les programmateurs ont bien visionné le feuilleton.

A partir du dimanche, Jean-Luc GODARD présente sur FR3, à 20h30, des émissions consacrées au cinéma, SUR ET SOUS LA COMMUNICATION, avec la participation d'Anne-Marie MELVILLE. On est surpris par la qualité et le caractère accessible de ses émissions, et surtout la manière sans condescendance avec laquelle il nous fait découvrir des personnages étonnants comme cet horloger, Petit Marcel, qui filme des fleurs et des animaux. Mais beaucoup préfèrent regarder à la même heure sur ANTENNE 2 JEUX SANS FRONTIERES de Guy LUX.

SEPTEMBRE

Torquemada

Drame en 5 actes de 110 minutes
Diffusion : jeudi 2 septembre 1976, à 20h30, sur ANTENNE 2
D'après Victor HUGO
Réalisation de Jean KERCHBRON
Distribution :
Jean MARTIN (Torquemada)
François CHAUMETTE (le roi)
Michel VITOLD (le marquis de Fuentes)
PIERAL (Gucho)
René ARRIEU (le grand rabbin)
Sacha PITOEFF (François de Paule)
François MAISTRE (le pape)
Nathalie JUVET (l'Infante)
Raoul GUILLET (l'évêque d'Urgel)
Claude GENIA (la reine)
Clément BALRAM (le prieur)
Olivier SIDNEY (le duc d'Alava)
Georges ADEL (le chapelain)
Yves-Marie MAURIN (l'Infant)
Thème : l'histoire de TORQUEMADA, le grand inquisiteur de Séville qui, dans l'Espagne du XVème siècle, sous le règne de Ferdinand d'Aragon et d'Isabelle la Catholique, va mener de terribles persécutions au nom de la Foi.

Commentaires : cette libre adaptation du drame de Victor HUGO est servie par une brillante distribution, à commencer par Jean MARTIN qui livre une de ses compositions de fanatique halluciné dont il a le secret (LES COMPAGNONS DE BAAL). La réalisation de Jean KERCHBRON, comme toujours, est très soignée, et il faut reconnaître que les alexandrins de Victor HUGO sonnent juste dans ces paysages superbes.

Le retour de C'est pas sérieux

Emission de 45 minutes

Diffusion : le dimanche à 13h20 sur TF1 à partir du 5 septembre 1976

Emission de Catherine ANGLADE

Avec la collaboration d'Andrée CHAMPEAUX

Réalisation de Philippe GALARDI

Rubriques :

- l'ACTUALITE DE LA SEMAINE présentée par Jean BERTHO et Jean AMADOU

- les PETITS SUISSES

- la CHANSON RETRO

Et divers sketchs interprétés, selon les émissions, par Ginette GARCIN, Christine FABREGA, Jacques MARIN, André GILLE, Guy PIERAULD, Francis JOFFO, Robert CASTEL, Michel ROUX...

Viendra s'ajouter, par la suite, la rubrique du KIOSQUE DE MME ROSE avec Anne-Marie CARRIERE et Jean BERTHO.

Commentaires : après avoir assuré la case du début du dimanche après-midi durant toute la période estivale, l'émission C'EST PAS SERIEUX est reconduite durant quelques semaines à la rentrée 1976 en remplacement de l'émission de Jacques MARTIN LE PETIT RAPPORTEUR. Certains ont vu dans cet arrêt une manœuvre politique. Il est vrai que l'humour très chansonnier de C'EST PAS SERIEUX est beaucoup moins corrosif que celui du PETIT RAPPORTEUR. Plus prosaïquement, il semblerait que Jacques MARTIN ait déjà dans l'idée de reprendre sur ANTENNE 2 la tranche du dimanche. Quoiqu'il en soit l'arrêt du PETIT RAPPORTEUR marque la fin d'une époque et laisse beaucoup de regrets. Il faudra attendre l'arrivée de CANAL PLUS, bien des années plus tard, pour retrouver un tel esprit d'insolence...

A l'origine il n'était pas prévu que C'EST PAS SERIEUX conserve cette case du dimanche que d'ailleurs il avait parfois occupé avant LE PETIT RAPPORTEUR, notamment en 1974. Aussi l'émission va s'interrompre en octobre pour tourner de nouveaux sketchs et reprendre, cette fois définitivement, à partir de janvier 1977. Elle sera remplacée durant cette période par une émission de Jacques FABBRI consacrée au cirque.

La refonte des Visiteurs du mercredi

Emission de Christophe IZARD

En cette rentrée des classes 1976, à partir du mercredi 15 septembre, LES VISITEURS DU MERCREDI, toujours diffusés sur TF1 de 13h35 à 18h05, font l'objet d'une refonte importante de leurs programmes.

L'idée est de mieux réorganiser les émissions par tranche d'âges et de faire participer plus activement les jeunes téléspectateurs. Présents sur le plateau, ils sont conviés à poser des questions, à jouer, à écrire, à proposer des jeux et des idées (rubriques pour chaque catégorie ENTRE NOUS et LA BOITE A IDEES). Ensuite un animateur est plus particulièrement affecté à chaque catégorie d'âge.

Le COIN DES 6-10 ANS est animé par Claude RUBEN et Soizic CORNE. Jacques TREMOLIN continue ses HISTOIRES d'ANIMAUX. Le premier feuilleton diffusé au cours de la saison est L'AUTOBUS A IMPERIALE avant de céder la place aux AVENTURES DE BLACK BEAUTY. A partir de l'émission du 10 novembre, c'est le dessin animé SCOUBIDOU qui ouvre le programme.

Le CLUB DES 10-15 ANS est animé par un nouveau venu, Patrick SABATIER. L'émission POINT CHAUD est présentée par Albert RAISNER. On retrouve la rubrique VIVE LE SPORT. Michel et Josiane CHEVALET présentent LA PETITE

SCIENCE. Pierre BARBIZET, pianiste et directeur du Conservatoire de Marseille offre une PROMENADE DANS LA MUSIQUE et Jacques TREMOLIN revient avec une ANECDOTE HISTORIQUE.

Dans ces deux rubriques, sont aussi programmés des chanteurs.

Aux alentours de 17h00, tous les enfants, quel que soit leur âge, peuvent se retrouver devant LA PARADE DES DESSINS ANIMES avec en alternance SIDNEY, BARBAPAPA, CALIMERO, LES CADETS DE L'ESPACE, LES FOUS DU VOLANT et WALLY GATOR.

Suivent LES INFOS de Claude PIERRARD.

Enfin il y a le grand feuilleton qui clôt le programme. La saison commence avec l'inévitable ZORRO de Walt DISNEY. Suivra DAVY CROCKETT, toujours de Walt DISNEY.

L'émission continue sur sa lancée et connaît de beaux succès d'audience. Il est vrai qu'elle est encore alors la seule sur ce créneau de la jeunesse, l'émission UN SUR CINQ diffusée sur ANTENNE 2 s'adressant plutôt aux adolescents, voire aux jeunes adultes.

La poupée sanglante

Feuilleton de 6 épisodes de 52 minutes

Première diffusion : le vendredi à 20h30 sur ANTENNE 2, à partir du vendredi 17 septembre 1976

Réalisation de Marcel CRAVENNE

Scénario et dialogues de Robert SCIPION, d'après les romans de Gaston LEROUX "La Poupée sanglante" et "La Machine à assassiner"

Musique de Betty WILLEMETZ

Distribution :

Jean-Paul ZEHNACKER (Bénédict Masson)
Yolande FOLLIOT (Christine Gaillard)
Dominique LEVERD (Jacques Quentin)
Ludwig GAUM (Gabriel)
Edith SCOB (La marquise de Coulteray)
Georges WOD (Le marquis de Coulteray)
Julien VERDIER (M. Gaillard)
Sacha PITOEFF (Docteur Sahib Khan)
Cathy ROSIER (La Dorga, danseuse)
Georges LYCAN (Sangor)
ARMONTEL (L'herboriste)
JIM ADHI LIMAS (Sing-Sing)
Jean RUPERT (L'inspecteur Ledoux)
Marthe VILLALONGA (La bistrotière)
Gabriel GOBIN (M. Drouine)
Germaine DELBAT (Mme Drouine)
Florence BRIERE (Mme Langlois)
Max DESRAU (le père Maccabée)

Jean LAUGIER (Père Violette)
Françoise BELLE (Annie)
Jacqueline ROUILLARD (Mlle Barescat)
Et
La voix de Dominique PATUREL (Récitant)

Thème : dans le Paris des années 20, sur l'île Saint-Louis, le relieur et poète Bénédict Masson, à la laideur repoussante, est épris secrètement de Christine, sa belle voisine dont le père est horloger et dont le fiancé, Jacques Quentin, est spécialiste de biologie et de chirurgie. Tous deux tentent de créer une créature parfaite, Gabriel, à qui il ne manque plus qu'un cerveau. Bénédict et Christine se trouvent embauchés par le mystérieux marquis de Coulteray, dont l'épouse prétend qu'il est un vampire. Le marquis, lui, a pour maîtresse la belle danseuse hindoue La Dorga et prétend que sa femme est folle. Bénédict a fort à faire pour arracher Christine aux griffes du marquis. Il n'est pas au bout de ses peines. Six jeunes filles qui prenaient des leçons de reliure auprès de Bénédict ayant été assassinées, les soupçons vont se porter sur Bénédict qui va finir sous le tranchant de la guillotine. Mais, avant de mourir, il accepte de donner son cerveau à Quentin pour sa créature. Sous les traits de Gabriel, Bénédict va alors traquer le véritable assassin...

Commentaires : adapté de deux romans de Gaston LEROUX, ce feuilleton qui s'inspire manifestement des atmosphères des films de FEUILLADE ou de FRANJU reprend un grand nombre de thèmes fantastiques, du vampire à la créature de Frankenstein. La réalisation est habile et l'interprétation est dominée par un Jean-Paul ZEHNACKER époustouflant. Edith SCOB, Sacha PITOEFF, ARMONTEL et l'acteur sud-africain Ludwig GAUM apportent par ailleurs une touche d'étrangeté, tandis que Yolande FOLLIOT joue les héroïnes persécutées avec conviction. La collaboration

131

réussie de Marcel CRAVENNE et de Robert SCIPION donnera trois ans plus tard un autre chef d'œuvre télévisuel : L'ILE AUX TRENTE CERCUEILS où l'on retrouvera d'ailleurs Jean-Paul ZEHNACKER.

LA POUPEE SANGLANTE connaît, lors de sa première diffusion, un beau succès. Le feuilleton est depuis régulièrement rediffusé. Il est sorti en coffret VHS de 3 cassettes chez WARNER VISION France (2001) qui n'est plus disponible que d'occasion. Le feuilleton est également disponible sur le site de l'INA (www.ina.fr).

Adios

Feuilleton en 3 épisodes de 95 minutes
Diffusion : le mercredi à 20h30, sur TF1 à partir du mercredi 15 septembre 1976
Adaptation de Françoise VERNY
D'après le roman de Kléber HAEDENS
Réalisation d'André MICHEL
Musique de Vladimir COSMA
Distribution :
Jean-Luc BIDEAU (Jérome adulte)
Marie DUBOIS (Marie-Louise)
Roland BERTIN (Palivestre)
Hubert GIGNOUX (Bertin-Sibélius)
Josiane LEVEQUE (Mme Manin)
Anna GAYLOR (Jeanne Dutoit)
Jacques SEREYS (Gédéon Dutoit)
Mark LESSEN (Jérome à 12 ans)
Christine FABREGA(Daisy)
Jean-François MAURIN (Jérome à 17 ans)
Gilles LAURENT (Christian Magnal)
Laurence de MONAGHAN (Juliette Illonin)
Claude ARNAU (le capitaine Mortifero)
Bob INGARAO (Delthil)
Gérard DELIBIE (Castagnède)
Paul VILA (Philippe)
Paul LE PERSON (le supérieur de Saint-Médard)
Marc FAYOLLE (le bonimenteur)
Rudy KARAS (Germain Aéros)

MIMILE et DARIO (les clowns)
Eddy SOSMAN (le jongleur)
Annie ALLAL (Conchita)
Charly OLLEG (le professeur Hammerlinx)
Florence GIORGETTI (Colette Rousseau)
Georges SER (René Rousseau)
Maurice ROISSE (le docteur Billières)
Thérèse APPERT (Mme Adèle)
Jean-Louis ROUQUAIROL (le directeur du lycée)
Germaine DELBAT (Mme Lépiciéreau)
Francis LAX (l'abbé Grillet)
Philippe LAUDENBACH (l'abbé Cahuzac)
Sabine HAUDEPIN (Solange Nérac)
Sabine GLASER (Marizibili)
Michel BARDINET (Plombo)
Michel BEAUNE (M. de Moskowski)
Et
Paul BISCIGLIA

Thème : le bateau Douvre-Calais ramène du Pays de Galles une équipe française de rugby et ses supporters. Au bar, un journaliste sportif, d'une quarantaine d'années, Jérome Dutoit, évoque son enfance et ses débuts dans la vie active devant quelques amis...

Commentaires : ce feuilleton en trois époques, tiré d'un roman quasi autobiographique, de Kléber HAEDENS, journaliste sportif et critique littéraire, qui venait de disparaître, est une réflexion douce-amère sur le temps qui passe et une réflexion sur toute une époque. Il a été réalisé avec beaucoup de soins et, une fois n'est pas coutume, beaucoup de moyens. Le morceau de bravoure qui constitue le match de rugby comblera les amateurs.

Anne jour après jour

Feuilleton de 55 épisodes de 20 minutes
Première diffusion : du lundi au vendredi à 19h00 sur TF1 à partir du jeudi 23 septembre 1976
Réalisation de Bernard TOUBLANC-MICHEL
Dialogues de Dominique SAINT-ALBAN et Bernard TOUBLANC-MICHEL
D'après le roman de Dominique SAINT-ALBAN
Musique de Carlos LERESHE
Distribution :
Sophie BARJAC (Anne)
Colette BERGE (Claire, la belle-mère)
Aude LANDRY (Javotte)
Patrick VIANE (Benoit, le demi-frère d'Anne)
Bernard WORINGER (François, le père d'Anne)
Fred SMITH (Gareth)
Jean de CONINCK (Lester)
Lily SIOU (Tante Sarah)
Claude BALYN (Pepita)
Christian BALTAUSS (Julien)
Marie COLLINS (Sybil)
Fred SMITH (Gareth)
Anne LANDRY (Javotte)
Madeleine CHEMINAT (Mme Gallart)
Jacqueline DUC (Mme Henriette)
Luisa COLPEYN (Mme Van Deyken, la mère de Julien)
Elina LABOURDETTE (Espérance)

Madeleine DAMIEN (Mme Marie)

Olivier HUSSENOT (Me Bradshaw, le notaire)

Et

Rosy VARTE

Thème : en 55 jours, les joies et les peines d'une jeune infirmière élevée en Angleterre, Anne, qui retrouve en France un père et un frère qu'elle n'a jamais connus puis se trouve confrontée aux pièges de l'amour.

Commentaires : Inspiré de l'œuvre de Dominique de SAINT-ALBAN, ce feuilleton, proche du roman-photo, est le plus long réalisé en France depuis NOELLE AUX QUATRE VENTS. Il vaut surtout par l'interprétation pleine de charme de Sophie BARJAC, alors âgée de 19 ans, et dont les jolis yeux turquoises avaient déjà été remarqués dans A NOUS LES PETITES ANGLAISES.

A noter la très belle chanson du générique ANNE DAY AFTER DAY, interprétée par Mary COLLINS qui joue aussi dans le feuilleton.

Le feuilleton est disponible en 2 coffrets de 3 DVD chez LCJ Editions (2008).

La vie de Marianne

Feuilleton de 6 épisodes de 60 minutes

Première diffusion : le jeudi à 20h30 sur TF1 à partir du jeudi 23 septembre 1976

Réalisation de Pierre CARDINAL

Adaptation et dialogues de Jean CHATENET et Pierre CARDINAL, d'après le roman inachevé de MARIVAUX

Musique de Jacques LOUSSIER

Distribution :

Nathalie JUVET (Marianne)

Jacques CASTELOT (M. de Climal)

Micheline PRESLE (Mme de Miran)

Maurice VAUDAUX (Valville)

Odette LAURE (Mme Dutour)

Muse DALBRAY (Mme Dursan)

Chantal DESAUX (Toinon)

Georges CHAMARAT (le baron)

Yvon SARRAY (Père Saint-Vincent)

Raymonde VATTIER (sœur du curé)

Malka RIBOWSKA (Mme de Ste Hernières)

Colette BERGE (la religieuse)

Henri CREMIEUX (le curé)

Anne-Marie PHILIPPE (Mlle Varthon)

Denise PROVENCE (Mme Dorsin)

Luc PONETTE (le marquis)

Thème : les aventures de MARIANNE qui, élevée par un curé et sa sœur, apprend qu'elle est une enfant trouvée sans famille ni fortune et qui va aller de malheurs en malheurs avant d'épouser M. de Valville qui la sortira de sa condition. Nous la voyons perdre peu à peu son innocence jusqu'à la révélation du secret de sa naissance.

Commentaires : ce feuilleton picaresque dont l'héroïne, pour une fois, est une femme propose une suite de scènes de la France d'Ancien Régime. L'ensemble n'est pas toujours très convaincant malgré la belle interprétation de Nathalie JUVET et le soin apporté au choix des extérieurs : le feuilleton a été tourné dans les châteaux de la Loire, notamment celui de Chambord, ainsi que dans une vraie boutique et un vrai presbytère. Il est à noter que les dialogues sont tirés tels quels du roman de MARIVAUX.

Pierre CARDINAL a ajouté une fin à ce roman inachevé, qu'il a trouvée dans d'autres œuvres de MARIVAUX.

A notre connaissance, le feuilleton n'est pas disponible en VHS ou DVD.

.

Brèves de septembre

Ce dimanche 5 septembre, à 20h30, sur FR3, l'émission TONIGHT A DEAUVILLE est consacrée au festival du film de Deauville dont c'est la deuxième édition. Une émission de Maurice CAZENEUVE et Pierre KALFON, réalisée par Jean MANCEAU et Georges CHAPPEDELAINE, avec la participation exceptionnelle du maire de Deauville, Michel D'ORNANO, et des extraits de films, notamment BUFFALO BILL ET LES INDIENS de Robert ALTMAN, OBCESSION de Brian de PALMA. Interviews réalisées par Lionel CHOUCHAN, André HALIMI et Pierre KALFON de Géraldine CHAPLIN, François REICHENBACH, Robert ALTMAN, et Michel LEGRAND.

OCTOBRE

Les nouveaux samedis après-midi d'Antenne 2

ANTENNE 2 a bouleversé sa grille du samedi après-midi à partir de cette rentrée 1976.

Il y a d'abord LES JEUX DU STADE, à partir de 14h30 et jusqu'aux alentours de 17h, 17h30, qui présente en direct des retransmissions d'évènements sportifs (rugby, cyclisme, basket...) L'émission est présentée par Jean LANZI. Sur le plateau, des sportifs peuvent intervenir et Claude SAVARIT présente le jeu MONSIEUR SPORT, sorte de MONSIEUR CINEMA pour le sport. Le programme commence le 18 septembre avec la retransmission en direct du BOL D'OR et le meeting d'athlétisme du STADE FRANCAIS. Le 25 septembre est retransmis, en direct de Narbonne, le match de championnat de rugby NARBONNE-DAX et le TOUR DE FRANCE AUTOMOBILE.

Mais ce qui va frapper les esprits, c'est bien sûr le match BULGARIE-FRANCE retransmis en direct de Sofia le samedi 9 octobre, premier match des Eliminatoires pour la Coupe du monde 1978 en Argentine. Tout avait bien commencé pour les Français avec deux buts inscrits en 1ère période par PLATINI (37°) et LACOMBE (40°). Mais, à la reprise les Bulgares reviennent au score par BONEV (45°). Puis un but est refusé à PLATINI pour une raison toujours inconnue à ce jour. Sur la contre-attaque, l'attaquant bulgare PANOV, visiblement hors-jeu, égalise. Cela fait 2-2 alors que le score aurait dû être de 3-1 ! Enfin, à la 88° minute, l'arbitre écossais M. FOOTE - cela ne s'invente pas ! - accorde aux Bulgares un pénalty imaginaire. Heureusement il y a un Dieu au football et le joueur bulgare rate le cadre. Mais tant d'injustices énervent le commentateur Thierry ROLAND au point qu'il prononce la fameuse phrase : " M. FOOTE, vous êtes un salaud...". Le tollé est tel qu'ANTENNE 2 songe à le licencier. Mais bien qu'accablé par une presse bien-pensante, Thierry ROLAND va être sauvé par le public. Des milliers de lettres de soutiens parviennent au siège d'ANTENNE 2, et la direction renonce finalement à le licencier. Thierry ROLAND pour le football et Roger COUDERC pour le rugby vont donc pouvoir animer de leur passion et disons-le avec un certain chauvinisme, les samedis après-midis d'ANTENNE 2. Précisons que, bien des années plus tard, M. FOOTE reconnaîtra qu'il a été "impressionné " ce jour-là par la foule...

Vers 17h, après LES JEUX DU STADE, est programmé C'EST POUR RIRE, une émission préparée et présentée par Michel LANCELOT, sur une réalisation de Guy JOB, qui propose des extraits de films comiques d'hier et d'aujourd'hui, des séquences d'actualité et des sketchs. La première émission est consacrée à Louis DE FUNES avec la participation de Marcel JULIAN, la seconde émission à Jacques LEGRAS et à la CAMERA INVISIBLE. L'émission du samedi 6 novembre propose, en avant-première, des extraits du nouveau spectacle au Théâtre de la Renaissance de Guy BEDOS.

Enfin, à 18h00, Jacques ANTOINE et Jacques SOLNESS proposent un nouveau jeu, présenté par Jacques PAUGAM, LA COURSE AUTOUR DU MONDE. Dix candidats de 18 à 30 ans, après une longue sélection, sont envoyés à travers le monde et doivent, chaque semaine, ramener un reportage qui sera noté par un jury. Ils ont plusieurs impératifs : franchir tous les parallèles et respecter des escales obligatoires. Le nombre de kilomètres parcourus est également pris en compte pour la victoire finale.

.

Les Infidèles

Téléfilm de 105 minutes

Diffusion : le mercredi 13 octobre 1976, à 20h30, sur TF1

D'après l'œuvre de Marcel MITHOIS

Réalisation d'Alan DHENAUT

Extraits musicaux d'opérettes sous la direction de Pierre DEVEVEY : VERONIQUE, LA GRANDE DUCHESSE DE GEROLSTEIN, SAMSON ET DALILA et LES CLOCHES DE CORNEVILLE

Distribution :

Danièle LEBRUN (Diane)

Pierre MICHAEL (Éric)

Hélène DUC (Emilienne)

Marie-Claude MESTRAL (Sophie)

Marion GAME (Suzy)

Tony MARSHALL (la petite)

Thème : à la suite d'une déception sentimentale, une jeune bourgeoise décide de quitter son milieu et de travailler comme femme de chambre. Engagée par un couple composé d'une chanteuse d'opérette et d'un comédien, qui ne cessent de se quereller, elle va tenter d'arranger la situation. Mais rien ne va se passer comme prévu...

Commentaires : cette plaisante comédie de boulevard a pour principal attrait de comporter de nombreux extraits d'opérettes. L'entrain des jeunes comédiennes compose une intrigue aux rebondissements parfois peu vraisemblables. Mais le charme lumineux de Danièle LEBRUN sauve tout.

To Bix or not to Bix

Emission de Jean-Christophe AVERTY

Diffusion : jeudi 21 octobre 1976, à 20h30, sur ANTENNE 2

Scénario et dialogues de Claude VEILLOT

Distribution :

Patrick ARTERO (Léon BIX Beiderbecke)

France DOUGNAC (Lucky Fortunia)

James SPARROW (Bing Crosby, chanteur)

Pierre ATLAN (Mezz Mezzrow, clarinettiste)

Claude LUTER (Jimmy Hartwell, clarinettiste)

IRAKLI (Emmet Ardy)

Gérard BADINI (Frankie Trumbauer, saxophoniste)

Claude BOLLING (Dick Voynow, pianiste)

Bernard CARA (Gennet, éditeur de disques)

Roger TRAPP (Paul Whitemn, chef d'orchestre)

Germaine DELBAT (Miss Holbrock, gouvernante et pianiste)

Christian MORIN (Pee Wee Russell, clarinettiste)

Yannick SINGERY (Hoagy Carmichael, pianiste et compositeur)

Thème : à la mort du compositeur, pianiste et trompettiste blanc américain BIX, mort d'une pneumonie à l'âge de 28 ans, ses amis organisent une réunion chez la gouvernante de BIX, Miss Holbrock. Ils parlent du disparu et jouent divers morceaux qu'il a composés.

Commentaires : pour cette biographie rêvée de BIX, précurseur du Jazz " cool ", Jean-Christophe AVERTY fait appel à de grands noms du jazz français et à des acteurs confirmés. L'ensemble est plutôt sympathique et ne peut que ravir les amateurs de jazz.

L'émission est disponible sur le site de l'INA (www.ina.fr). A vos cassettes !

Le collectionneur de cerveaux

Téléfilm de 100 minutes
Première diffusion : samedi 23 octobre 1976 à 20h30 sur Antenne 2
Réalisation de Michel SUBIELA
Adaptation de Michel SUBIELA
D'après la nouvelle de George LANGELAAN «Robots Pensants », tirée de son recueil NOUVELLES DE L'ANTIMONDE
Distribution :
Claude JADE (Penny Vanderwood)
François DUNOYER (Lewis Armeight)
André REYBAZ (le comte de Saint-Germain)
Roger CROUZET (Vladieu)
Thierry MURZEAU (Diego)
Gisèle CASADESUS (Mme Vanderwood)
Raoul GUILLET (le président)
Jean-Pierre GRANET (Roger Tournon)
Jean-Pierre HERCE (le joueur d'échecs)
Jean-Claude SACHOT (le garçon de café)
Jean-François DEREC (un jeune homme)
Jacques ROCCHESANI (le gendarme)
Yves MARC (un automate)
Claude HEGGEN (un automate)
Avec la participation de la Fédération française des échecs.

Thème : une jeune femme qui vient de perdre son fiancé fait la connaissance du mystérieux comte de Saint-Germain, créateur d'automates. Dans l'un de ces derniers, qui est un joueur d'échecs, elle croit reconnaître son fiancé récemment disparu. Elle décide de mener l'enquête…

Commentaires : ce téléfilm est une nouvelle réussite de Michel SUBIELA. L'action est bien menée et l'interprétation de qualité, avec une Claude JADE toujours aussi à l'aise dans le domaine de l'horreur et du fantastique et un André REYBAZ très inquiétant dans le rôle du comte de Saint-Germain.

Il est à noter que l'auteur de la nouvelle, décédé en 1972 à l'âge de soixante-quatre ans, était un Anglais qui vivait à Paris. Pendant la seconde guerre mondiale, il était un des agents de l'Intelligence Service et pour tromper les Allemands il avait dû entièrement se faire remodeler son visage.

Le téléfilm est disponible sur le site de l'INA (www.ina.fr).

La mère Denis, icône de la télévision

Parmi les mythologies télévisuelles des années 70, il y a incontestablement LA MERE DENIS. C'était évidemment un pari de faire une publicité pour une machine à laver avec une lavandière de 80 ans, plutôt qu'avec une jolie jeune fille. Mais cela participait d'un retour vers des valeurs plus authentiques, une sorte de retour à la terre.

LA MERE DENIS et son célèbre slogan, " Ah C'est ben vrai çà" va bien vite être connue de tous les téléspectateurs et même être le sujet d'un sketch de COLUCHE et des caricatures de CABU.

Elle apparaît ainsi dans près de 8 films publicitaires jusqu'en 1980, devenant un visage familier pour la plupart des Français.

Jeanne Marie LE CALVE, épouse DENIS, accueille toute cette notoriété avec beaucoup de recul et de philosophie. La philosophie des gens simples. L'argent qu'elle gagne sous forme d'une petite rente viagère lui permet d'améliorer sa maigre pension de retraite et, dit-elle, de s'assurer une sépulture décente. Elle reçoit également en cadeau une gazinière de l'agence de publicité mais, comme elle préfère son petit réchaud, la belle gazinière fait office de desserte. Quant à son linge, pas de machine à laver pour notre vedette, qui continue à le laver à la main dans la Gerfeurs. A plus de 80 ans elle se rend presque quotidiennement au bord de la rivière, avec sa blouse, son battoir et sa caisse à laver et elle trempe ses mains ridées dans l'eau froide. De l'authentique, on vous dit.

En cette année 1976, suite à la parution d'un livre sur sa vie dû à la plume de Serge GRAFTEAUX, elle participe à l'émission APOSTROPHES de Bernard PIVOT, et PARIS MATCH en fait la personnalité de l'année. Pour se rendre à Paris par le turbotrain, elle hésite à s'acheter un manteau, pour la dépense, et parce qu'elle craint de ne pas avoir le temps de l'user.

Dans la pièce principale de sa maison, est accroché la photo du Président de la République, VGE, à côtés de celle de Brigitte BARDOT. Deux autres icônes de l'époque.

Le cœur au ventre

Feuilleton de 6 épisodes de 60 minutes
Première diffusion : tous les vendredis à 20h30 sur ANTENNE 2, à partir du vendredi 29 octobre 1976
Réalisation de Robert MAZOYER
Scénario, adaptation et dialogues de Jean-Pierre PETROLACCI
Musique de Jacques LOUSSIER
Cascades réglées par Pierre ROSSO et son équipe
Avec la participation de Robert CHAPATTE et Thierry ROLAND
Distribution :
Sylvain JOUBERT (Roger Konacker)
Guy MARCHAND (Nino Ceretti)
François LECCIA (Philippe Morand)
Sylvie FENNEC (Catherine Morand)
Robert DALBAN (Moroni)
Sophie AGACINSKI (Eliane Ceretti)
Virginie BOULZE (Lucie Ceretti)
Karin PERTERSEN (Marie-Claude)
Bernard CAPEL (Baldi)
Gérard CROCE (Cottard)
Anne JOUSSET (Jackie)
Henri LAMBERT (Carlin)
Gérard DENIZOT (le masseur aveugle)
Michel CHARREL (Max Travers)
Jo TAFANELLY (le speaker de la salle Wahral)
Lionel GAUDIN (le boxeur Kowacks)

René MORAR (le patron du bar)
Et
Cisse KARAMOKO
Le nain ROBERTO

Thème : un ancien boxeur, Nino Ceretti, fait la connaissance de deux jeunes Provinciaux montés à Paris faire de la boxe, Roger Konacker et Philippe Morand. Leur amitié est précieuse à Nino qui connaît des déboires conjugaux et des difficultés professionnelles. Peu à peu il reprend confiance et se remet à gagner des combats. Parallèlement une idylle s'ébauche entre Roger et Catherine, la sœur de Philippe.

Commentaires : l'originalité de ce feuilleton est de s'intéresser au milieu de la boxe, peu traité à la télévision française. C'est aussi l'occasion de découvrir divers quartiers pittoresques du Paris d'alors. Mais c'est d'abord et avant tout une belle histoire d'amitié entre trois hommes. L'interprétation est sans faille, dominée par Sylvain JOUBERT, François LECCIA et Guy MARCHAND. Il est à noter que les scènes de combat ont été tournés à la salle Wagram devant près de deux mille spectateurs.

Le feuilleton est disponible sur le site de l'INA (www.ina.fr).

Brèves d'octobre

Les deux présentateurs vedettes de TF1, Roger GICQUEL et Yves MOUROUSI sont devenus les sociétaires à part entière du Petit Bouif, à Lyon, un théâtre de marionnettes animé par Jean-Guy MOURGUET, le descendant en ligne directe du créateur de GUIGNOL. Ils rejoignent d'autres célébrités de la scène et de l'écran comme Jean GABIN ou Alice SAPRITCH. On peut voir dans ce guignol lyonnais les précurseurs des GUIGNOLS DE L'INFO.

En préparation du magazine mensuel sur la qualité de la vie qu'il doit produire à a fin de l'année, Georges DE CAUNES va faire un voyage en Polynésie française en novembre. Il devrait revoir notamment l'île d'Elao où, il y a 13 ans, il avait tenté une expérience de Robinson avec son chien Eider.

Surprise pour Claude BOLLING. C'est en lisant TELE 7 JOURS qu'il a appris qu'on l'attendait au GRAND ECHIQUIER du 28 octobre. Il n'a eu que quelques jours pour composer un trio avec Alexandre LAGOYA et Jean-Pierre RAMPAL.

NOVEMBRE

Celui qui ne te ressemble pas

Téléfilm de 95 minutes

Première diffusion : mercredi 3 novembre 1976 à 20h30 sur TF1

Réalisation de Georges REGNIER

Musique de Pierre ALRAND ; musique gitane de Tony WEISS et LES MANOUCHES

Distribution :

Jean-Pierre SENTIER (Simon)

Tony GATLIF (Jes)

Guy TREJAN (l'inspecteur Charvin)

Elizabeth KAZA (Tia)

Agnès GATTEGNO (Maria)

Renée DENNSY (La Nine)

Henri LABUSSIERE (le maire)

Joseph PATRAC (le roi des gitans)

Sylvain LEVIGNAC (le contremaître)

Yvon SARRAY (le fermier)

Jean-Claude CHARNAY (le médecin)

Claude FURLAN (le mécano)

Claude GRUBER (le préfet)

Billy CALLAWAY (Fernand)

Thème : l'amitié d'un prêtre avec un jeune gitan qui est recherché par les gendarmes. Le prêtre va tout faire pour le sauver, mais peut-on échapper à son destin ?

Commentaires : on ne sera pas surpris de retrouver Tony GATLIF, alors peu connu, dans cette évocation sensible du monde des gitans. Agé de 28 ans, Tony GATLIF annonçait dans le TELE 7 JOURS du 30 octobre 1976 qu'il voulait être réalisateur et précisait : « Dans les films que je ferai, tous les comédiens seront mes amis. Car je ne peux travailler qu'avec des amis. » Il ajoutait également que toute sa vie il avait été marqué par l'injustice et la violence à l'égard des gitans.

Le téléfilm a le mérite de ne pas tomber dans les poncifs ni les prêches moralisateurs mais soulève des questions encore d'actualité. L'interprétation est de grande qualité, dominée par Tony GATLIF et Jean-Pierre SENTIER, dans les rôles du gitan et du prêtre. Il est à noter que Joseph PATRAC, « le roi des gitans », interprétait son propre rôle.

A notre connaissance le téléfilm qui avait eu la chance (sic) d'être programmé en même temps que le match de football opposant SAINT-ETIENNE à ENDHOVEN, n'est pas disponible en VHS ou DVD.

Le gentleman des Antipodes

Téléfilm de 110 minutes
Première diffusion : jeudi 4 novembre 1976 à 20h30 sur ANTENNE 2
Réalisation de Boramy TIOULONG
Adaptation de Christiane LAMORLETTE, d'après le roman de Pierre VERY
Distribution :
Gilles SEGAL (Lepicq, le hibou)
Marc FAYOLLE (Jugonde)
Paul LE PERSON (le bossu)
Armand MESTRAL (Fronsac)
Raymond GEROME (Vigerie, l'aigle)
Rosy VARTE (Mme Vigerie)
Jean SANDRAY (Choucard, le singe)
Jean MARTIN (Sainte-Rose, le poisson)
Francis LAX (Abadie, le chien)
Jean-"Paul ZEHNACKER (Billig, le loup)
Jean OBE (Laranière, l'insecte)
Nita KLEIN (la souris)
Ginette GARCIN (la belette)
Hélène CALZARELLI (Colette)
Franck DAVID (Aurouet, l'ange)
Jean LAROQUETTE (Paturaud)
Et
François CAMARD
Philippe DESBOEUFS
Jean-Pierre RAMBAL

Andrée CHAMPEAUX
Fany EUSSELIER
Danielle MEYRIEUX

Thème : des assassinats sont perpétrés au jardin des plantes de Paris. Certaines personnes qui ressemblent de façon frappante à des animaux en sont-ils les auteurs? Profitant de ce qu'il ressemble lui-même à un hibou, Me Lepicq va tenter d'infiltrer la bande…

Commentaires : s'inspirant de Pierre VERY à qui l'on doit ces petits bijoux que sont L'ASSASSINAT DU PERE NOEL, GOUPI MAINS ROUGES ou encore LES DISPARUS DE SAINT-AGIL, ce téléfilm fantastique est une belle réussite grâce notamment aux beaux maquillages des acteurs, par ailleurs tous remarquables dans leurs compositions mi-humaines, mi-animales.

A notre connaissance, le téléfilm n'est pas disponible en VHS ou DVD.

La mort d'un géant : Jean GABIN

Jean Alexis MONCORGE, dit Jean GABIN, s'est éteint ce 15 novembre 1976, à l'âge de 72 ans. Véritable poulbot parisien, il était né à Barbès, d'un couple d'artistes. Sa mère était chanteuse de café-concert et son père chanteur d'opérette sous le pseudonyme de GABIN.

Véritable légende du cinéma français, il avait débuté dans CHACUN SA CHANCE (1930) jusqu'à son 94ème et dernier film, L'ANNEE SAINTE (1976), où il retrouvait Danièle DARRIEUX.

Parmi ses plus grands films, on peut citer : LA BANDERA (1935) de Julien DUVIVIER, LA BELLE EPOQUE (1936) de Jean DUVIVIER où il interprète la chanson "quand on se promène au bord de l'eau", PEPE LE MOKO (1937) de Jean DUVIVIER, LA GRANDE ILLUSION (1937) de Jean RENOIR avec Pierre FRESNAY, GUEULE d'AMOUR (1937) de Jean GREMILLION, LE QUAI DES BRUMES (1938) de Marcel CARNE avec Michèle MORGAN, LA BETE HUMAINE (1938) de Jean RENOIR, LE JOUR SE LEVE (1939) de Marcel CARNE, REMORQUES (1941) de Jean GREMILLON, LA VERITE SUR BEBE DONGE (1952) de Henri DECOIN, LE PLAISIR (1952) de Max OPHULS, TOUCHEZ PAS AU GRISBI (1954) de Jacques BECKER avec Lino VENTURA, NAPOLEON (1955) de Sacha GUITRY, FRENCH CANCAN (1955) de Jean RENOIR, GAS-

OIL (1955) de Gilles GRANGIER, LA TRAVERSEE DE PARIS (1956) de Claude AUTANT-LARA avec BOURVIL, LES MISERABLES (1958) de Jean-Paul LE CHANOIS, EN CAS DE MALHEUR (1958) de Claude AUTANT-LARA avec Brigitte BARDOT, LE PRESIDENT (1961) d'Henri VERNEUIL, LE CAVE SE REBIFFE (1961) de Gilles GRANGIER, UN SINGE EN HIVER (1962) d'Henri VERNEUIL avec Jean-Paul BELMONDO, MELODIE EN SOUS-SOL (1963) avec Alain DELON, L'AGE INGRAT (1964) avec FERNANDEL, LE TATOUE (1969) de Denys de la PATELLIERE avec Louis de FUNES, LE CLAN DES SICILIENS (1969) d'Henri VERNEUIL avec Alain DELON et Lino VENTURA, LE CHAT (1971) de Pierre GRANIER-DEFERRE avec Simone SIGNORET, L'AFFAIRE DOMINICI (1973) de Claude BERNARD-AUBERT, DEUX HOMMES DANS LA VILLE (1973) de José GIOVANNI et VERDICT (1974) d'André CAYATTE.

Mais celui qui se disait volontiers agriculteur-éleveur, ne tournait plus guère depuis 10 ans, sauf lorsqu'il avait besoin d'argent pour acheter des vaches et des poulinières.

A la télévision, ces apparitions ont été plutôt rares, l'homme n'aimant guère les interviews, sauf peut-être avec François CHALAIS qu'il appréciait. Mais on se souvient de sa présidence de la 1ère cérémonie des Césars ou dans les émissions de Pierre TCHERNIA, MONSIEUR CINEMA. Il a donné sa dernière interview à Frédéric ROSSIF quelques mois avant sa mort.

On se souvient aussi de sa chanson nostalgique et poignante " Maintenant, je sais " (1974) écrite par Jean-Loup DABADIE.

A l'initiative de Pierre TCHERNIA, une soirée hommage lui est rendue le jeudi 9 décembre 1976 à

20h30 sur ANTENNE 2 avec une évocation de 30 minutes et la projection du film LE JOUR SE LEVE (1939) de Marcel CARNE.

La pêche miraculeuse

Feuilleton de 6 épisodes de 50 minutes
Diffusion : tous les jeudis à 20h30 sur TF1, à partir du jeudi 11 novembre 1976
D'après l'œuvre de Guy de POURTALES
Adaptation et dialogues de Jean HERMAN
Réalisation de Pierre MATTEUZI
Musique de Pierre CAVALLI
Distribution :
Jean-François GARREAUD (Paul de Villars)
Pierre PASQUINI (Paul enfant)
CAPUCINE (Mlle de Colombier)
Edith GARNIER (Louise de Landrizon)
Charles APOTHELOZ (Léopold de Villars)
ARMONTEL (le docteur Nadal)
Neije DOLSKY (Ellen Smith)
André FALCON (Victor Galland)
Daniel FILLON (Ferdinand de Villars)
Camille FOURNIER (Mme Nadal)
Philippe LEMAIRE (Armand de Villars)
Claude VALERIE (Berthe Galland)
Ingeborg SCHONER (Lotte Muller)
Gérard GARRAT (M. Bardin)
Patrick LAPP (Robert Perrin)
Thème : on suit 50 ans de la vie d'un homme qui appartient à une grande famille de Genève, les Villars, et le long cheminement de son amour pour une femme dont il sera toujours séparé par les préjugés sociaux.

Commentaires : à cette chronique romantique inspirée du romancier suisse Guy de POURTALIS (1881-1941), il ne manque ni les belles toilettes, ni les voitures de collection, ni les somptueuses demeures. Mais les émois de ce fils de riche, un peu trop rêveur et sans beaucoup de caractère, peuvent finir par lasser de même que le feuilleton qui sombre souvent dans l'académisme.

Brèves de novembre

Ce vendredi 5 novembre, à 21h30 sur ANTENNE 2, participation de Simone SIGNORET à l'émission APOSTROPHES où elle vient présenter son livre « La nostalgie n'est plus ce qu'elle était ».

Le NUMERO UN du samedi 6 novembre, à 20h30, sir TF1, est consacré au Québec avec la présence de Robert CARLEBOIS (« Partir »), Gilles VIGNEAULT (« Il nous reste un pays »), Diane DUFRESNE, Yvon DESCHAMPS, Renée CLAUDE (« Rêver en couleur ») et Félix LECLERC (« la complainte du phoque en Alaska »). Gilles VIGNEAULT, Fabienne THIBAULT et Yvon DESCHAMPS interprètent en trio « l'hymne » du Québec : « Gens du pays ». L'émission se termine avec la chanson « Quand les hommes vivront d'amour », interprétée par Félix LECLERC, Gilles VIGNEALT et Yvon DESCHAMPS.

Pour la première fois depuis la mort du général de GAULLE (le 9 novembre 1970), aucune des trois chaînes de télévision n'a prévu d'émission spéciale.

.

DECEMBRE

Le gouffre, ou sept jours sous la Pierre Saint-Martin

Documentaire de 60 minutes
Diffusion : mardi 7 décembre 1976 à 20h30 sur TF1
Emission de Henri MARQUE et Christian BERNADAC
Reportage de Christian BRINCOURT et Jean-Claude ODIN
Présentation de Julien BESANCON

Commentaires : ce documentaire exceptionnel, qui renoue avec la tradition des grands reportages à la télévision, est consacré à l'exploration du gouffre de la Pierre SAINT-MARTIN, puits vertical de 346 mètres, soit le plus grand puits vertical du monde. Profitant de la création d'une brigade de gendarmes spéléologues, une équipe de télévision composée de 4 journalistes de TF1 a pu descendre au fond du gouffre et ramener de somptueuses images en couleur de ce monde froid et inhumain. Un voyage dans les profondeurs de la Terre que n'aurait pas renié Jules VERNE et qui donne à la télévision de cette époque un petit côté " steampunk".

Il est à noter que Christian BRINCOURT et Jean-Claude ODIN avaient déjà conduit la caméra de TF1 dans l'Himalaya pour y réaliser un documentaire sur l'ascension de la NANDA DEVI.

Les Brigades du Tigre- Saison 3

Série de 6 épisodes de 60 minutes

Diffusion : tous les vendredis à 20h30, à partir du 10 décembre 1976 (avec un horaire décalé pour l'épisode diffusé le 31 décembre, en réalité le 1er janvier à 1h00 du matin)

Réalisation de Victor VICAS

Scénario, adaptation et dialogues de Claude DESAILLY

Musique de Claude BOLLING

Chanson " La complainte des Apaches " interprétée par Philippe CLAY

Distribution :

Jean-Claude BOUILLON (Valentin)

Jean-Paul TRIBOUT (Pujol)

Pierre MAGUELON (Terrasson)

François MAISTRE (Faivre)

Claude SIMONOT (le moniteur de boxe)

Episodes :

1- Bonnot et Cie (10/12), avec Hervé JOLLY (Liebert), Macha BERANGER (la poule), Gérard BERNER (Liotard), Jacques CHEVALIER (l'infirmier), Marc CHPILL (Bel-Oeil), Raymond de BAECKER (le docteur), Paul HEBERT (le fils de ferme), Claude LEGRIS (le paysan), Daniel MARTIN (Lamarque), Michel PILORGE (Maroyer)

Thème : Liebert, ex-membre de la Bande à Bonnot, est condamné par la médecine. Il décide de s'évader avec un complice. Désireux de se venger de la police, il réunit une bande de jeunes malfrats...

2- L'Homme à la casquette (17/12), avec Michèle GRELLIER (Henriette), Claude BOLLING (le chanteur de rue), George BRUCE (le brigadier), Jo COURTIN (l'accordéoniste), Michel DERAIN (Julien Bosc), Jean-François DEVAUX (le dragueur), Viviane GOSSET (Mme Soligny), Paul HEBERT (l'inspecteur), Anne-Marie JABRAUD (la concierge), Claude SIMONOT (le moniteur), François VALORBE (le médecin légiste), Dominique ZARDI (le clochard), Sébastien FLOCHE (Lampel), Jacques GIRAUD et Sylvain SALNAVE.

Thème : en 1909, une série de meurtres émeut l'opinion publique. L'assassin ne s'en prend qu'à des hommes. D'après plusieurs témoignages, il porte une casquette et hante les rues de la capitale. Valentin et ses hommes vont vite découvrir que les victimes ont toutes un point commun : avoir fait la cour à une certaine Henriette...

3- Don de Scotland yard (24/12), avec Edward MEEKS (Tommy Bennett/ inspecteur Bright), Philippe BRIGAUD (Henri Ducoroy), Christiane KRUGER (Myriam Ducoroy), Henri DJANIK (Itzmir), Jacques LEGRAS (Chevreux), Pascale JACQUEMONT (la standardiste), Claude LEGROS (le cireur), Antoine MARIN (Epstein), Bernard MUSSON (le domestique)

Thème : en 1908, Tommy Bennett, un des plus célèbres escrocs du Royaume-Uni, roi du déguisement et prince de l'évasion, et surtout grand amateur de bijoux, passe en France où il vient défier les Brigades du Tigre.

4- Le cas Valentin (01/01 à 1h du matin), avec Paul BISCIGLIA (le crieur de journaux), Yvonne DANY (la concierge), Sabine GLASER (Mira), Bob INGARAO (Félix), Armand MESTRAL (Arnaudy), René

MORARD (Mélécass), Yves PENEAU (Guy), Annie SAVARIN (l'employée de banque), Julien THOMAST (Artaud) et Maurice TRAVAIL (Dervaux)

Thème : en 1913, Valentin est compromis dans une sombre affaire et poussé à la démission. En réalité, en accord avec Faivre, il va tenter d'infiltrer le milieu...

Il est à noter que la diffusion de cet épisode à 1h du matin, le soir du réveillon du Nouvel An, a mécontenté les téléspectateurs, provoquant un tel tollé que l'épisode a été rediffusé le vendredi 21 janvier 1977 à 20h30.

5- Le crime du Sultan (07/01), avec Max AMYL (Lyautey), El KEBIR (le Pacha), Hanz WYPROCHTIGER (le Sultan Moulay Hafid), Jeny BROUWER (le colonel prussien), Marc CHICKLY (le radiesthésiste), Liliane COUTANCEAU (Marie-Céleste), Dominique DELPIERRE (Anna), Paul PAVEL (le cocher)), ROGERS (le patron du caf'conc), Georges SER (Quénaud), Wolfgang WELSER (Lambert)

Thème : en 1912, alors que les Allemands tentent de " récupérer " le Sultan pour le remettre sur le trône et récupérer le Protectorat sur le Maroc, un crime aurait été commis chez le Sultan, en exil en France à Enghien. Valentin et ses hommes enquêtent.

6- L'Ere de la calomnie (14/01), avec Alain PRALON (Germain Bergeval), Evelyne DANDRY (Madeleine Bergeval), Roger JACQUET (Albin Bergeval), Paul BISCIGLIA (le crieur de journaux), Maurice JACQUEMONT (le Président de la chambre), Claude MERLIN (l'artiste), Jacques PLEE (l'expert graphologue), Jean-Pierre SENTIER (Blaise) et Albert MEDINA (directeur du journal Le Globe)

Thème : en 1914, un jeune député, Germain Bergeval, lance une croisade contre la corruption du Parlement et de la Presse. Mais il va être lui-même pris dans un scandale : on l'accuse d'avoir fait avorter une jeune fille mineure, enceinte de ses œuvres. Puis les scandales se succèdent autour de lui. Il finit par être innocenté par les Brigades du Tigre. Mais Valentin commence par avoir des doutes : et si tout cela n'était qu'un coup monté par Bergeval lui-même pour servir sa croisade ?

Commentaires : les BRIGADES DU TIGRE poursuivent leurs aventures après deux premières saisons très réussies. On peut reprocher parfois à certains épisodes de cette 3ème saison de s'éloigner des événements historiques pour se complaire dans l'anecdote. Mais le charme opère toujours.

Les beaux messieurs de Bois-Doré

Feuilleton de 5 épisodes de 90 minutes
Diffusion : tous les samedis à 20h30 sur ANTENNE 2, à partir du samedi 18 décembre 1976
Adaptation et dialogues de Maurice TOESCA, Jacques ARMAND et Bernard BORDERIE, d'après le roman de Georges SAND
Réalisation de Bernard BORDERIE
Musique de Georges GARVARENTZ
Distribution :
Georges MARCHAL (le marquis de Bois-Doré)
Marion GAME (Dame Belinde)
Yolande FOLLIOT (Lauriane de Beuvre)
Philippe LEMAIRE (Adamas)
Michel CRETON (Villaréal)
François MAISTRE (abbé Poulain)
Olivier HUSSENOT (Jovelin)
Jean MARTINELLI (M. De Beuvre)
Jean-François PORON (Guillaume d'Ars)
Nelly BENEDETTI (Mercédès)
Michel ALBERTINI (Mario)
Patrick PREJEAN (Laflèche)
Georges ATLAS (le valet)
Mimi YOUNG (Pilar)
Jacques CASTELOT (prince de Condé)
Virginie VIGNON (Mariette)
Guy DELORME (Macabre)

Serge MARQUAND (Saccage)
Sylvain LEVAGNAC (Sev)
Bernard-Pierre DONNADIEU (Clindor)
Robert BERRI (Faraudet)
Joëlle BERNARD (Marie la Caille)
Jean MIGNOT (Jean Le Clope)
Claude NADAL (Fanchon)

Thème : en 1621, sous le règne de Louis XIII, alors que le cardinal de Richelieu est au pouvoir, un vieux noble du Berry, le marquis de Bois-Doré, ancien Huguenot converti au catholicisme, tombe amoureux d'une jeune femme, Lauriane de Beuvre, qui, de son côté, est beaucoup courtisée et qui fait attendre son vieil amant tout en s'intéressant de très près à un jeune homme, Mario, qu'il a recueilli. Outre ses déboires amoureux, le marquis va être aussi rattrapé par les terribles conflits de l'époque entre Catholiques et Protestants et notamment le terrible abbé Poulain.

Commentaires : vieux routier du cinéma honni par la Nouvelle Vague, Bernard BORDERIE, à qui l'on devait déjà LES MOHICANS DE PARIS, s'est attaqué à un nouveau feuilleton de cape et d'épée. Du roman un peu touffu de Georges SAND, il a su faire une œuvre captivante où l'aspect mélodramatique et les motivations psychologiques sont un peu mis à l'écart au profit de l'action. Georges MARCHAL apporte beaucoup de vérité dans son personnage de vieux marquis tenté par le démon de midi tandis que Yolande FOLLIOT est éclatante de charme et de grâce. Les autres acteurs, de Michel CRETON à Bernard-Pierre DONNADIEU en passant par Jean MARTINELLI et Marion GAME sont à l'unisson et sont pour beaucoup dans le succès du feuilleton.

Le feuilleton est disponible en coffret 4 DVD (Koba Films, 2006). Plusieurs épisodes sont aussi disponibles sur le site de l'INA (www.ina.fr). La série est également disponible en téléchargement sur iTunes.

Le château des Carpathes

Téléfilm de 120 minutes
Première diffusion : dimanche 19 décembre 1976 à
20h30 sur ANTENNE 2
Réalisation de Jean-Christophe AVERTY
Scénario et dialogues d'Armand LANOUX, d'après
le roman de Jules VERNE
Distribution :
Jean-Roger CAUSSIMON (Frik)
Jean MARTIN (Orfanik)
Benoit ALLEMANE (Frantz)
François ROBERT (Le colporteur)
Bernard VALDENEIGE (Nic)
Nicole NORDEN (Miriota)
Raymond MEUNIER (Rotzko)
Yves ARCANEL (Koltz)
Jacques LEGRAS (le Pope)
Michel DUPLAIX (le magister)
Guy GROSSO (Patak)
Bernard CARA (Jonas)
Mady MESPLE (La Stilla)
Annette POIVRE (Augusta)
Sacha PITOEFF (Gortz)
Jacqueline DANO (Fausta)
Jean-Jacques STEEN (le vigneron)
Jacques GALLAND (le marchand)
Pierre RAFFO (le régisseur)
Robert CAPIA (le chef de la police)

Alexis DUMAY (le docteur)
Pierre LAFFO (m'officier du génie)
Joelle THOVAUX (une danseuse)
Armelle BIGARD (une danseuse)

Thème : en 1899, dans un petit village de Transylvanie, un voyageur tente de découvrir ce qui se cache derrière les étranges phénomènes qui se déroulent dans un château abandonné des Carpathes.

Commentaires : Jean-Christophe AVERTY a fait une belle adaptation du roman de Jules VERNE en reprenant comme décor les gravures même qui avaient accompagné la première édition de l'œuvre. Il a su ainsi restituer l'atmosphère étrange et gothique du roman, tout en proposant une réflexion sur le pouvoir de l'image et de la télévision.

Il est à noter que Mady MESPLE incarne la cantatrice dont le comte est fou amoureux et a tout fait pour conserver son image.

A notre connaissance ce téléfilm n'est pas disponible en VHS ou DVD.

.

Les visiteurs de Noël 1976

Diffusion : du lundi au vendredi, sur TF1, à 14h25, à partir du lundi 20 décembre 1976 et jusqu'au 31 décembre, après le feuilleton LA PETITE MAISON DANS LA PRAIRIE

Série d'émission de Christophe IZARD

Générique chanté par Anne HOFER

Musique de Roger POULY

Réalisation de Dirk SANDERS ou Marion SARRAUT

Présentation de Pierre et Marc JOLIVET

Commentaires : créés au début de janvier 1975 sur TF1, LES VISITEURS DU MERCREDI s'étaient transformés pour les fêtes de fin d'année 1975 en VISITEURS DE NOEL le mercredi 24 décembre et en VISITEURS DU NOUVEL AN le mercredi 31 décembre. Comme LES VISITEURS DU MERCREDI, ces deux émissions étaient alors présentées par Claude RUBEN.

Pour cette fin d'année 1976, apparait la version quotidienne des VISITEURS DE NOEL diffusés du lundi au vendredi, en début d'après-midi, pendant toute la période des fêtes, aux alentours de 14h25, juste après le nouveau feuilleton LA PETITE MAISON DANS LA PRAIRIE, et jusqu'à 16h.

Produite comme LES VISITEURS DU MERCREDI par Christophe IZARD, l'émission est présentée notamment par Pierre et Marc JOLIVET et les marionnettes SIBOR et BORA.

Le programme débute par des dessins animés dont le célèbre homme-chat WALDO KITTY, toujours prompt à tirer la belle FELICIA des pattes de l'infâme bouledogue TYRONE et se déguisant pour cela en Robin des bois (Robin des chats), espion, détective, cosmonaute (ou plutôt chat-smonaute) et super-héros (super-chat), mais aussi le dessin animé DINKY DUCK.

Jacques TREMOLIN raconte ensuite des histoires d'animaux du genre comment les lions d'Asie ont failli disparaître, la légende du lagopède et du lièvre variable, la ronde des ours blancs, comment les marmottes s'endorment ou encore l'hiver des écureuils ou le noël des chamois.

Claude PIERRARD propose un journal de vacances, LES INFOS.

Il y a des variétés : Alain SOUCHON, Thierry LE LURON, Enrico MACIAS, Daniel GUICHARD, Michèle TORR, Gérard LENORMAN, Joe DASSIN, MOULOUDJI, Jean-Michel CARADEC ou le groupe IL ETAIT UNE FOIS.

Enfin, dans « le festival des Héros », un feuilleton chaque jour différent vient clôturer le programme. Se succèdent ainsi des classiques comme WOOBINDA, FLIPPER LE DAUPHIN, AU NOM DE LA LOI, Davy CROCKETT, L'AUTOBUS A IMPERIALE, LES CHEVALIERS DU CIEL et LES AVENTURES DE BLACK BEAUTY. Exceptionnellement le vendredi 24 décembre, veille de Noël, est diffusé un téléfilm LA LEGENDE DE MELUSINE de Guy SAGUEZ.

Chantecler

Farce dramatique de 55 minutes
Diffusion : samedi 25 décembre 1976, à 20h35, sur FR3
D'après la pièce d'Edmond ROSTAND
Réalisation de Jean-Christophe AVERTY
Ballets de Jean GUELIS
Musique de Claude BOLLING
Trucages de Max DEBRENNE
Distribution :
Jean PIAT (Chantecler)
Christine MINAZZOLI (la poule faisane)
Laurence BADIE (la poule blanche)
Yvonne CLECH (la pintade)
Christian BOREL (le paon)
Jenny ASTRUC (la poule beige)
Maïté VAUCLIN (la poule noire)
Maurice TRAVAIL (le merle)
Valérie de TILBURG (la poule de Houdan)
Guy GROSSO (le chien)
Misha BAYARD (la vieille poule)
Sacha BRIQUET (un poulet)
André BADIN (un poussin)
Pierre LOUKI (le chat)
Bernard CARA (le chat-huant et le dindon)
Jacques BLOT (le pintadeau)
Katie ALBERT (le coucou)
Roger TRAPP (la pie)

Michel MULLER (le pigeon-voyageur)

Nicolas ARUTENE (le coq blanc)

Thème : le coq CHANTECLER annonce chaque jour la venue du soleil, ce qui donne l'impression aux autres animaux qu'il régit l'astre flamboyant. Mais un complot va s'ourdir contre lui dans la basse-cour...

Commentaires : en raison de la grève des comédiens, l'œuvre n'a pu être enregistrée dans son intégralité de sorte que seul le premier acte est proposé aux téléspectateurs pour ce soir de Noël. Cet échantillon permet toutefois de retrouver une pléiade de comédiens qui se régalent à restituer le texte d'Edmond ROSTAND, sous la caméra toujours inventive de Jean-Christophe AVERTY.

La suite est prévue pour Pâques... ou à la Trinité.

Il est à noter que, lors de la 1ère représentation donnée le 7 février 1910, le rôle de CHANTECER était interprété par Lucien GUITRY, le père de Sacha GUITRY.

Brèves de décembre

Au programme ce vendredi 24 décembre :

- sur TF1, à 20h30, l'émission DES MAGICIENS, de Dominique WEBB et Abder ISJER, avec notamment Michèle TORR, LES FRERES JACQUES, Sylvie VARTAN, LES PETITS ECOLIERS DE BONDY, et Dominique WEBB, à 21h40, NOEL POUR UN ENFANT, ou RETIENS LA NUIT, réalisation de Bernard LION, avec Johnny HALLYDAY, Richard ANTHONY, Eddy MITCHELL, Jerry LEWIS, Enrico MACIAS, Serges GAINSBOURG et Sammy DAVIS JR, à 22h35 VEILLEE DE NOEL, en direct de Perpignan, avec Charles TRENET, Marie-Paule BELLE, Nicolas PEYRAC, et Arthur CONTE, à 23h55 LA MESSE DE MINUIT célébrée par le Pape PAUL VI en direct de la basilique Saint-Pierre de Rome, à 1h15 le dernier JOURNAL ;

- sur ANTENNE 2, à 20h30 LES BRIGADES DU TIGRE, épisode « Don de Scotland Yard », à 21h30 LA NUIT DE NOEL DE GRAZIELLA, émission proposée par Jacques GARAT avec la participation de la petite GRAZIELLA, des marionnettes, Alain DECAUX qui raconte « La naissance de Jésus », la CAMERA INVISIBLE de Jacques ROULAND, des variétés avec Michel BERGER, Francis PERRIN, France GALL, Guy MARCHAND, le dessin animé

L'ENFANT ET LES SORTILEGES et une VEILLEE DE NOEL à laquelle participent entre autres Madeleine RENAUD, Jean-Louis BARRAULT, François PERIER, José ARTHUR, Julien CLERC, Jacques HIGELIN, Pierre PERRET, Alain SOUCHON, Anne SYLVESTRE et Cora VAUCAIRE ;

- sur FR3, à 20h00 LE CIRQUE DE MOSCOU, à 21h00 la pièce L'OTAGE de Paul CLAUDEL, proposée par LES TRETEAUX DE France JEAN DANET, avec Loleh BELLON, Jean DANET, Jean DAVY, Yves BUREAU, Jacques-Henri FABRE, à 23h15 l'émission MEDITERRANEE, d'après Fernand BRAUDEL, à 0h10 LES CRECHES DU MONDE, un film de Frederic ROSSIF, et en Alsace seulement (?) LA MESSE DE MINUIT, à 0h35 LE JOURNAL.

Au programme ce vendredi 31 décembre :
-   sur TF1, à 20h30, GALA DE L'UNION, présenté par Liza MINELLI, avec Charles AZNAVOUR, Marie-Christine BARRAULT, Guy MARCHAND, Jane BIRKIN, Claudia CARDINALE, Annie DUPEREY, REGINE, à 21h50 le moyen métrage LE CACHALOT, réalisation de Georges GLAUFFRET, à 22h20 SHOW JERRY LEWIS, à l'Olympia, à 23h20 LES SOLEILS DE LA NUIT, en direct de l'observatoire de Nice, une émission de Robert CLARKE, réalisée par Jacques AUDOIN avec notamment Hubert REEVES, Guy BEART, et Alex METAYER ;
-   sur ANTENNE 2, à 20h30, film LA CUISINE AU BEURRE (1963) de Gilles GRANGIER avec BOURVIL et FERNANDEL et Anne-Marie CARRIERE, Claire MAURIER,

186

ANDREX, à 22h00 PARLONS, CHANTONS, DANSONS avec notamment LE SHOW JACQUES MARTIN, et en direct du studio 15 des Buttes-Chaumont, des variétés avec Marie-Paule BELLE, William SHELLER, Nicolas PEYRAC, Yves SIMON, Alain SOUCHON, Nicole RIEU, MICHOU et ses artistes, Annie CORDY, DALIDA, NICOLETTA, Maurice BEJART, Colette BROSSET, Robert DHERY, Jean-Marc THIBAULT, Jane BIRKIN, Serge GAINSBOURG, Jean-Claude BRIALY, Romain BOUTEILLE, à 1h00 LES BRIGADES DU TIGRE (épisode « le cas Valentin ») ;

- Sur FR3, à 20h30, LA VIE PARISIENNE d'OFFENBACH, en différé du Capitole de Toulouse, à 22h20 le magazine VENDREDI présente BONNE ANNEE, CHERS ADMINISTRES, à 23h45 film de marionnettes LE ROI MIDAS, puis LES DOUZE COUPS DE MINUIT depuis 12 villes de France, à 00h00 les vœux de Claude CONTAMINE, Président de FR3, à 0h15 LE JOURNAL, à 0h20 le film ARABESQUE (1965) de Stanley DONEN avec Gregory PECK et Sophia LOREN.

Sources

BAUDOU Jacques et Jean-Jacques SCHLERET, Les feuilletons historiques de la télévision française, Huitième Art, 1992

BAUDOU Jacques et Jean-Jacques SCHLERET, Merveilleux, fantastique et science-fiction à la télévision française, Huitième Art, 1995

BAUDOU Jacques et Jean-Jacques SCHLERET, Meurtres en séries, Huitième Art, 1990

Chronique de la télévision, Editions Chronique, 1996, rédacteur en chef : Raymond MARCILLAC, Préface de Pierre TCHERNIA

DRUCKER Michel et Gilles VERLANT, Les 500 émissions mythiques de la télévision française, INA Editions, 2012

FLASHBACK TV n° 1,2 et 3

JELOT-BLANC J.J, TELE FEUILLETONS, MA Editions, 1990

SANSANO Patrick, Muriel Baptiste, la reine foudroyée, Publibook, 2007, Préface de Christian MARIN

TELE 7 JOURS – collection complète de 1970 à 1979

TELERAMA – collection complète de 1970 à 1979

WINKLER Martin et Christophe PETIT, Les séries télé, Larousse, Guide Totem, 1999

WOLF Thierry et Stéphane Lenoir, Génération Télé, Les Belles Lettres/FGL, 1994.

www.ingramcontent.com/pod-product-compliance
Lightning Source LLC
Chambersburg PA
CBHW020911290526
45784CB00002BA/513